庐隐自述

庐隐 著

泰山出版社 · 济南 ·

图书在版编目（CIP）数据

庐隐自述 / 庐隐著. -- 济南 : 泰山出版社，2022.12

ISBN 978-7-5519-0736-1

Ⅰ. ①庐… Ⅱ. ①庐… Ⅲ. ①庐隐（1898—1934）—自传 Ⅳ. ① K825.6

中国版本图书馆CIP数据核字（2022）第167796号

LUYIN ZISHU

庐隐自述

责任编辑 王艳艳 任春玉
装帧设计 路渊源

出版发行 泰山出版社
社　　址 济南市泺源大街2号 邮编 250014
电　　话 综 合 部（0531）82023579 82022566
出版业务部（0531）82025510 82020455
网　　址 www.tscbs.com
电子信箱 tscbs@sohu.com
印　　刷 山东新华印务有限公司
成品尺寸 150 mm × 230 mm 16开
印　　张 10.75
字　　数 135千字
版　　次 2022年12月第1版
印　　次 2022年12月第1次印刷
标准书号 ISBN 978-7-5519-0736-1
定　　价 39.00元

凡　例

一、本书收录了作者的相关经典文章或片段，主要展现了作者的学术历程或情感操守等。

二、将所选文章改为简体横排，以适应当代的阅读习惯。所选文章尽量依照原作，以保持文章的时代原貌，有些地方参照当下最新的整理成果进行了适当修改。

三、所选文章没有标题或者标题重复的，编辑时另行拟加或改拟。个别文章为相近内容之汇辑，另拟新题。

四、对有些当时使用的文字，如“的”“地”“得”“化钱”“记帐”等，均一仍其旧。

目录

庐隐自传

童年时代

当一个成人，回忆到他童年的时代时，总有些眷怀已往的情绪吧！——本来一个人的最快乐的时代，要算是无责任、无执着的童年时代了。但是我却是个例外，我对于我的童年回想起来，只有可笑和叹息！

我的父亲是前清的举人，我的母亲是个不曾读书的旧式女子，在我诞生之前，我母亲已经生了三个男孩，本来我的出世很凑巧，正是我父母盼望生一个女孩的时候。可是命运之神太弄人，偏偏在我生的那一天外祖母去世了，母亲因此认为我是个不祥的小生物，无心哺乳我，只雇了一个奶妈把我远远地打发开，所以在我婴儿时代，就不曾享受到母爱的甜蜜。据说我小时最喜欢哭，而且脾气拗傲，从不听大人的调度，这一来不但失掉母亲的爱抚，就是哥哥们也见了我讨厌，加着身体多病，在两岁的时候，长了一身的疮疥，终日号哭：母亲气愤得就差一棒打死，还是奶妈看着我可怜，同我母亲商议，把我带到她家里去养，如果能好呢，就送回来，死了呢，那也就算了，母亲听了这个提议，竟毫不踌躇地答应了。

我离开家人，同奶妈到乡下去，也许是乡村的空气好阳光充足吧，我住在乡下半年，疮疥竟痊愈，身体也变强壮了。当我三岁的时候，父亲放了湖南长沙的知县，因此接我回去，这时一家人都欢天喜地的，预备跟着父亲去享受荣华富贵。只有我因为舍不得奶妈，和她的小女儿，我心里是悒悒的，终日哭声不止，父亲看见我坐在堂屋里哭，向我瞪着白眼怒吼道："哭什么，一天到晚看着你的哭丧脸，怎么不叫人冒火，再哭我就要打了。"我这时只得忍住哭声，悄悄地躲到门背后去。

当我们坐着船到长沙去时，我幼小的心灵，不知为了什么伤损，终日望着海面，呜呜地哭，无论哥哥怎样哄骗，母亲怎样恫吓，我依然不肯住声。这时父亲正同几个师爷，在商议办一件什么文案，被我哭得心头起火，走过来抱起我，就向那滚滚碧流里抛下去，谁知命不该绝，正巧和一个听差的撞了个满怀，他连忙抢过我逃开了。——这一件事情，当时因为我仅仅三岁，当然记不清楚了，不过，后来我年纪较大，母亲和姨母们偶尔谈起，我才知道，同时不免激起我一种悲楚的情流，假使那时便葬身于江流，也就罢了，现在呢，在人生的路途上苦挣扎，最后还是不免一死——这一支灰色的眼镜戴上后，使我对于人生的估价是那样无聊消极。

我六岁的那年正月，父亲得了心脏病，不过十天就去世了，那时，母亲才三十六岁，而最大的哥哥仅仅十五岁，我下面还有一个妹妹才四岁。这一群无援无助的寡妇孤儿，立刻被沦入愁河恨海之中了。母亲是一个忠厚人，对于这突如其来的狼狈局面，简直无法应付，幸喜还有一个忠心的老家人和父亲的同僚们把父亲的丧事将就办了；一方面把父亲当年所存下的一万多两银子和一些东西都变卖了，折成了两万块钱的现款，打了一张汇到北京的汇票——因为我外祖母家住在北京，我舅父见父亲死的消息，立刻打电报，接我们到北京来。

在我父亲七满以后，我的大哥哥同那个老家人，运父亲的灵柩回福建祖茔安葬，我母亲带着我二哥哥——这时三哥已经去世，同我们两姊妹，还有两个婢女，一个女仆，坐船到汉口，换京汉车到北京——正好半路遇见黄河水涨，堤决水奔，顷刻间平地水深三尺，铁路车轨也浸坏了。火车停在许州，母亲这时因为哀伤操劳过度，身体感觉不舒服，车既不能前进，旅馆又都被大水冲坏了，常困车上，就是没病的人已受不住，何况是个病人呢。这时我同二哥哥只围在母亲跟前哭，母亲呢，神志昏沉，病势似乎不轻。后来幸喜这地方的站长李君也是福建人，而且大家谈起来，他们和我的舅父很相熟，所以便请我母亲搬到站长家里去小住，等水退时再作行计——站长的房子位置在一座小山上面，水所淹不到的地方。李站长的母亲是个极慈善的人，他看见我母亲遭了这样的大不幸，孩子们又小，所以非常亲切的对待我们。不过他那里房子有限，我们的人太多，势不能都住在他家，因此便叫女仆和两个婢女带着我，另住在离站不远的唯一的客栈里，我那时对于母亲的病，还不懂得着急，每日同婢女们玩玩闹闹。有一天中午，我去看母亲，只见她如同发了疯，把身上的衣服都脱了丢在地上，就是那件放汇票的贴肉的衬衫也剥了下来，幸好老太太看见了，连忙替她收了起来，不然我们一群幼弱真不知此后，如何生活呢！

母亲的病势一天重似一天，李老太太替她各庙里烧香求佛，但是苍天不仁，百唤不应，眼看得不济事了。李站长忽听见朋友们说，有一个名医，从京来由这里路过，现在也被水阻在这里，所以连忙派人请了来。诊察的结果，他说母亲虽不是这么大病，只为了忧伤过度，又加着受了些感冒所以内热不清，并且身体也虚，必要长期保养，才能望好。

母亲自从吃了这位医生的药，病势渐渐的轻了，在许州整整养了三个月，才好了，这时黄河水势已退，我舅父派我的二表兄到许州来接我们，母亲也急着要走，所以还等不到身体大复原就起身了。

到了前门车站时，我的三表姐、四表姐和大表哥都来接我们。我记得他们招呼我们在接待室里吃了一些点心，然后让我们上车——那时正在光绪末年，北平的交通用具，除了骡车还是骡车，这种车子，既颠簸又碰头，我坐在车里左边一个爆栗，右边一个爆栗，碰得我放声大哭。好容易才到了舅舅家里——舅舅这时候做的是农工商部员外郎，兼太医院御医，家里房子很大！并且还有一座大花园，表姊妹总在二十人左右，她们见我们来，都跑来看，黑压压拥了一屋子人。舅舅进来了，母亲望着舅舅挥眼泪，舅舅不住摇头叹气，我同哥哥因为认生，躲在母亲背后，不敢见人。后来我的四表姊来，拿了许多糖果，才把我哄到里面套间里去，同小表弟们玩——从此以后我们便在舅舅家里住下了，母亲所带来的两万块钱，舅舅替她放了一个妥实的钱庄里，每月可拿二百的利息，因此我们的生活比较安定了。

第二年舅舅请了一个先生，教我表兄和哥哥读书。我呢，便拜姨母为师——虽然她也不曾进学校，可是一向经我舅舅教她，也能读女四书一类的东西，请她教我这一字不识的蒙学生，当然是绰绰乎有余了。

读书对于我，真是一种责罚，每天姨母把一课书教好了，便把那间小房子的门反锁上，让我独自去读。我呢，东张张西望望，见这屋里除了一张书桌、两把椅子外，一无所有，这使我内心感到一种说不出的荒凉，简直对于书一点趣味都没有。站起来从门缝里向外张望，有时听见哥哥们在院子里唱歌，或捉迷藏玩，我的心更慌了，连忙把书丢在一边，一窜两跳的爬上桌子去，用口水把窗纸沾湿了，戳成一个洞，一只眼睛贴着洞口向外看。他们笑我也跟着笑，他们着急，我也跟着心跳，一上午的光阴就这样消磨尽了。等到十一点多钟时，我听见门外姨母的脚步声，这一颗幼稚的心，便立刻沉到恐惧和愁苦的漩涡里去，如一只见了猫的老鼠般，伏贴的坐在书案旁，姨母走进门，拿过我的书，沉着脸说："过来背书！"唉，可怜，我连字还认不清，又从哪里背起呢！我闭着嘴，低着头，任她怎样逼我，只给她一个默然，这使得姨母的怒火冒了丈把高，一把拖过我来："怎样，你是哑巴吗，不然就是聋子，叫你背书，怎样一声不响！"我偷偷举眼瞟了姨母一下，晓得无论如何，不能再装聋作哑了。只得放小声音说道："我背不出。"

"你怎么这样笨！一课书统共不到三十个字，念了一早晨，还背不出！……那么念给我听！"姨母是要借此下台，所以这样说。但是天知道我是连念也念不上来呢，可是又不敢不试着念，结结巴巴念了一句，倒念出三个别字来。这一来，姨母可真忍不住了，拉过我的手心狠狠的打了一十下，一面叹息着说："你这孩子真不要好，你看哥哥妹妹哪个不比你强，你明天如果再这样不用心，就不许你吃饭！"

姨母托着水烟袋，怒容满面的走了，我揩干眼泪，走到母亲房里，谁知不是冤家不对头，偏偏碰见姨母也在这里向母亲面前告我呢，所以母亲一见我，便狠狠的瞪了我一眼，厉声厉色骂道："天生成的下流东西，你还有脸跑来见我，为了你念书，不知叫我生多少气！"母亲越说越有气，拿起门后头的鸡毛帚子，按在床上，拼命的抽了一顿。姨母见打得凶了，才过来劝开，我负着痛躲在帐子里啜泣。可是我心里想不明白她们为什么这样虐待我，有时也想从此改了吧，用点心读书，可是到了第二天一走进那间牢狱般的书房，我从心里厌倦，我情愿把白粉墙上的粉，一块块剜了下来，再不愿意去看那本短命的书，结果呢，自然又不免一顿毒打了。有时候也真因念不出书挨饿，可是这种刻毒的责罚，再也不能制服我这拗傲的脾气。

母亲看见我，永远没有好脸色，同时一家人都觉得我这孺子真不足教，亲戚们都觉得我是个笨货，而我呢，因为众人的无情，也不愿见他们，每天除了被关在那间牢狱里的大半天外，我只是一个溜到花园里，和枝头的鸟儿、土里的虫儿为伍。

我这么一个笨得出了名的小厌物，在这家庭中就连个婢女都不如。可是我也不管那些，每天依然是任着性要念书就念，不念——就是挨了打还是不念。有一次我这个笨孩子，居然使得这个家庭里的人大大的惊奇了，那又是一件什么故事呢？

有一天我姨母照例的教我书，教完以后，她不知忙些什么，匆匆的走了，竟把她的一只表，忘记拿去。这可是对于我绝大的恩惠，我拿起这只表，先细细把玩它的表面，这不能满足我的好奇心，于是把盖子弄开了，把内部的机器一件一件的拆下来摆满了一书桌，各式各样的机器真有趣，我独自开了一个小小的五金行，细细的赏鉴了，后来我恐怕姨母要来责罚我，因此慢慢仍旧照这些机件的原样安置好，除了拗断了发条外，一切都如原来一样，我依然把表放在原来的地方，吃饭的时候，姨母果然想起，便急急的来找。这时我当然怀着鬼胎，一声不响的静待发作，可是真巧，姨母拿起表便走了，她居然没有看出破绽来，我很高兴的跑去吃饭。下午我正在院子里玩，忽听姨母在屋里说："唉，奇怪，我这表怎么开来开去开不满呀，莫非是发条断了吧，这可是怪事，早晨还走得好好的呀！"

我小小的心怦怦地跳着，不知怎么办才好，因想快躲起来吧，我不管一切地跑到花园里去，躲在那座假山里，过了一刻果然听见有人高声叫我呢，我细听听，认得是我二哥哥的声音，我再不敢答应，心想一定他们已发现我的秘密了。后来哥哥叫了一阵，见没有人答应，便又退出花园去，我观着他已走远了，才松了一口气。

渐渐的夜幕垂了下来，园子里冷清清，几阵风拂过树林，发出沙沙的响声，我小小的心镇静不得，只是要挨打，也只好认命了，无论如何，这个地方再不能留下去，一溜烟跑出园子，刚进了院子，只见妹妹大声叫道："妈妈，姐姐在这里呢！"我想不好了，正预备再逃，已被母亲一把拖住了，先不问情由，捶了我几下，然后拖我到屋里，姨母也来了，起初她们问我表是不是我弄坏的，我不说是也不说不是，只瞪着眼，怔望着她们。后来母亲说若再不说话，要拿针来缝我的嘴，叫我永远不得说话，我被逼得没办法，只好承认了，并把我怎样拆，又怎样装的事实告诉他们，母亲怒狠狠地骂道："正经读书教死也不会，倒有这种鬼本事，毁坏东西。今天非要把她关在黑屋子里，饿她一天，看她以后还这样坏不？"母亲说完果然把我关在一间小黑屋里，那里头堆着一些破椅子、煤炭一类的烂东西，一股潮湿的臭气，实在难闻，但是一个无抵抗能力弱小的我，也只能忍受了。

在这种虐待下，我除了哭，竟想不到别的办法，同时我对于生命，开始了厌恶，在我小小的心灵中，虽然没有自杀的清楚意识，不过我也模糊的觉得，假使死了，也许比这活着快乐吧，我觉得家里所有的人都是可恨的，便是那个小妹妹，她也是可恨的，虽然有时候妈妈打我的时候，她也会抱着妈妈的腿哭，可是她也常在妈妈面前告发我，一举一动都失掉了自由。

我一直坐在柴堆上，肚子又饿，心里又气闷，后来不知怎么哭来哭去竟哭得睡着了，我倒在柴上，像一只落难的小鸡。大约是表姐她们看不过意了，央求了妈妈才把我放了出来，从此以后我更变成怯老鼠，一见人就逃开。

又过了两年，我已经九岁了，母亲永远对我是冰霜满面的，她是从心里憎厌了我，而我也真怕了她，夜里和女仆睡在一个肮脏的房里，白天呢，就躲在花园里，这时我的心没有爱，没有希望，只有怨恨。

每逢舅舅家里有什么喜事，或者请客，母亲总把我锁在另外的一个院子里，不许我出来见人，说我这种不要好的嘴脸，会使他们丢脸，而哥哥妹妹打扮得像小天使般的，在人群里飞翔。我起初为了这事很伤心，但后来也惯了，随他们怎么摆布，我都处之漠然，因此下流、愚笨，这时便成了我人格整个的象征了。

在我九岁的下半年，我舅母因为在妇婴医院看病，打听到医院对面有一所教会学校，学费便宜，而且可以住堂，每年只有年假和暑假可以回家——如果我肯信教，便连学费都省了，每年只要缴十二元大洋，住吃读书便都有了，母亲便决定送我到那里去。

在暑假后的一天，我的舅母同我的表兄两个人，便送我到那所教会学校去。在我这时的生命中，我从不知什么是快乐，而且我对于家庭的环境，已经够憎厌了，所以这所陌生的教会学校，对于我除了阴沉的感觉外，别的什么都没有。

这所教会学校，建筑是很考究的，一进门便看见一片广大的青草坪，上面铺着翠碧的青草毡，也有花畦，正盛开着各色的花朵儿，这些花朵在我生命中，刻了很深的印象，直到现在还能清楚的回忆到经过草坪，来到一所庄严冷森的楼房前，上了五六层的石级便到了校长的公事房，那是一间小小整齐的办公室，所谓校长也者，是一个头发已经斑白了的美国妇人——这是我第一次看见高鼻子、蓝眼睛的外国人，我对于这种人，心里任何印象都没有，不过我看了这位美国女人，又庄严又神秘的脸，我小小的心又禁不住在跳动了。

我舅母把我送到她的面前，说道："朱太太，这是我的外甥女，她是一个没有父亲的可怜女孩，所以我想送她到这里来读书。"那位朱太太拉着我的手端详了一会问道："她信道理吗？”

“哦，她现在不信道理，不过她是会相信的。”舅母这样说。

“好，她现在几岁了！”朱太太问。

我舅母踌躇了一下问道：“这里顶小的学生几岁？”

“十岁！”朱太太说，“她的年龄恐怕不到十岁吧？”

“不，她的身体长得小，实在她已经十一岁了。”舅母随机应变的回答了。

朱太太很诧异的看着我道：“呀，已经十一岁了吗？”我被她这样一问，就想告诉她我只有九岁，但是舅母低声用福建话阻住我不许说，我只好随着她道：“是十一岁。”

朱太太举出一张纸，把我的名字、年龄都写好了，沉吟了一下又对我舅母说道：“如果你们愿意把她送在我这里读书，一切的事情都要依照我们的规矩，比如说信道理，守规则……每年只能年暑假回家，平常是不许出学校的……还有她将来的婚姻问题，也是由我们替她主张。”

我舅母想了一想说道：“别的事都可以照办，只是婚姻问题我须得回去问问她的母亲。”

“那么也好，不过她现在还不能算是教会里的人，每年应出三十六块钱的学膳费，请你把这张志愿书带回去给她家里的人看，如果能一切都照我们的意思办呢，那么就算是正式的学生，不然只能算是在这里附读。”

“很好，我明天再来回话……她今天就在这里吗？”

“这随你们的便，就在这里或者明天再来都一样。”朱太太说。

“那就让她在这里吧！”

舅母说完，又回头对我说：“你好好在这里读书，一切事都要听朱太太的话。”又指着一口小竹箱道：“那里面是你的衣服，此外还有两块钱，你留着零用。”她说完便把两块亮光光的钱放在我手里，这两块钱竟提起我的兴趣来，在我这小生命里，这是第一次有两块整洋钱——当然并不是我家里穷得连两块整洋钱都没有，不过我这个小厌物，母亲从来不肯给我这些钱的。

舅母和表兄都走了，我孤零零的站在朱太太的办公室里，起先玩着洋钱不觉得怎样，后来玩厌了，才晓得我现在是来一个生疏得可怕的地方，心里又是恐惧，又是寂寞，眼泪便禁不住流了下来，朱太太看着我哭得可怜，便柔声说道：“哦，小孩子不要哭，这里很好，有许多朋友和你一同读书、做事、玩耍。”朱太太说着便去按铃，不久进来一个中国妇人，约四十岁年纪，她恭敬的向朱太太问道：“朱太太叫我什么事？”

“你去叫一个大学生来，把这孩子交给他照应。”那妇人答应着开门出去，朱太太低头不知在写些什么呢，我站在窗子旁，看见草坪边上，种着许多蝴蝶兰、金钟罩，这时正盛开着，在微风里摇摆，四境静悄悄不闻声息，一股寂寞的陌生的情绪，使我怔住了，正在这时，忽听有人敲门的声音，朱太太扬起头来道：“进来！”门开了，进来一个十七八岁的女子，戴着银边的眼镜，向朱太太鞠躬道：“您叫我吗？”

“哦，秦瑞玉！这个新来的小学生，你带她去安置了吧！”

秦瑞玉答应着走近我的旁边说道：“你跟我来！”她牵着

我的手由朱太太的办公室出来，经过一条颇长的甬道，又有一扇门，出了门便看见一所大院子，直立着一排楼房。那是一座建筑得和寺院似的，不讲究的房子，而且这个院子虽很大，但没有一株树，也没有一些花草，我走了进去，竟莫名其妙的感到阴森空虚，再看那些学生们，身上都穿得非常破烂，有的土布衣服上还补了补丁，而脸上的气色也是枯黄少生气，她们看见我，都围了上来，向秦瑞玉探问，后来知道我是新学生，没有什么新闻，才慢慢的散去，秦瑞玉领着我走进楼下的一间小房子说道：“你在这屋子里睡觉，一切的事情都要听我的话，我就是这屋子里的室长。”我听了这话，怯老鼠似的低声答应着，举眼观察这房间空落落的只有一张大木榻，上面铺着竹席子，其余有一只嵌在墙里的大木柜，柜旁有一张白木小桌子，桌下放着一张方凳，也没有箱笼，也不知道被褥都藏在什么地方，这真有点神秘。后来我的衣箱和被褥，由那个中年妇人送来了，只见秦瑞玉把那木榻的席子掀开，又掀起一块木板来，才看见那里面放着几床蓝色土布的被褥，她也把我的被褥放在里边，仍旧盖上木板，铺上席子，至于那个衣箱呢，她想了半天才把它放在木桌下面，我就觉得奇怪，怎么她们都没有箱子呢。当时胆小到底不敢问，过了几天才知道这些人，都是地道的无产阶级，她们所有的衣服，一块白的或蓝的土布包袱，已经够用了，所以我这只破旧的小箱子到了这个地方，竟变成唯一尊贵的东西了。

这一所专门收容无产阶级者的学校，到处都显露着贫瘠的阴暗的空气。据说这些学生是从各乡村贫寒的教友家里送来的，不但在这里可以不花钱读书吃饭住房子，同时便连暑假回家的来往路费都是学校供给——而学校当局唯一的目的就是使这一群天真的孩子信教。他们是抱着宣传宗教的绝大信心，来吸收这些为了利益而信教的教徒，所谓耶稣的人格精神，究竟有几个人真正了解，该就难说了，同时呢，养成了一群奴隶性的教徒，这些人毕业了，便分发到各乡村各教堂，再依样炮制，于是洋奴便一天多似一天了——当时我虽没有这种感觉，不过现在想来还不免要掷笔长叹呢！

我进了这所学校，精神上真受了不少异样的压迫，因为她们都欺侮我年纪小，不管我有多少力量，一桶水一定要逼着我从楼下提到楼上去。如果不照办的话，有的就说别在这里充小姐了，我们做得的事，你也应当做。有的就说你要不提上去，我便去告诉朱太太你不听话。被他们逼得没法只好含眼泪提上去，谁知到底力量太小，不知怎么把左脚的筋拗了一下，从此那脚便痛得不能走，第二天到医院去看了，糊了一些药，依然止不住痛——这时我虽只读了半年书，可是我居然读得很好，而且会写白话信了。当我从医院回来，我便给母亲写了一封信，我告诉她我在这里太苦，每天的老米饭、窝窝头，同不放油的老咸菜，我实在是吃不下，而且现在又生了病，脚痛不能走路，希望她们接我回去。

这封信寄出去后，果然发生了效力，第一我母亲稀奇的说，这孩子那么笨，怎么进了半年学校，便会写信了，想是别人替我写的，不过看了那歪来斜去的几个字，又像是我写的，她们不知是为了怜悯，还是好奇，星期六便到学校来看我。那时母亲身上穿得很讲究，舅母又带了许多东西来送给朱太太，希望她对我另眼看待，许多同学在接待室里看见了她们，大家便窃窃私议道：“黄某家里并不是没钱，为什么她不吃小厨房里的饭，也跟着我们受罪呢？”有的又说：“恐怕她不是那位太太亲生的女儿吧！”大家在窗外只顾谈论，不想已被舅母听见了，觉得心里过不去便对我母亲说：“我听她们说这里的饭有两种，一种好些，一种坏些，外甥女既是吃不下那坏的，你就让她吃好的吧！”母亲听了这话便问我道：“吃好的多少钱？”

“一个月三块钱！”我说着，不知怎么竟忍不住哭起来了，母亲看了可怜的样子，便应许让我吃小厨房的饭，从此对于吃饭问题是解决了，但是正走着厄运的我，真是不要希望快乐之神会降临于我的。

过了几天，我发现我的脚肿起来，到医院去看，医生说要开刀，又说我身体不好，也许会变成骨节痨，必得好好的保养。——幸喜这所医院也是教会里开的，凡是这里的学生去看病都不要钱，我不久就搬到医院去住，这一住整整半年多，那脚也真怪，接连不断的肿烂，一个疮口才好了跟着又长出了第二个疮，一只脚面上长了三个疮，简直不能走路，两胁下夹着两只拐，几乎成了一个残废人。

在医院里，不知吃了多少鱼肝油补血丸，才慢慢好起来，但是忽然间肺管又破裂了吐起血来，整整又养了半年，我简直被病痛磨折得没了生趣。

我病好的时候，正遇到学校里因为“复兴会”每天要到礼拜堂做三次礼拜，我也被强迫的去了。她们跪在地板上，嘴里喃喃的祈祷着，忏悔着，有的放声痛哭着，简直像发了狂。我这时虽然也跟着她们跪下，可是我不信教，我也不祷告，只是睁着眼，东望望西溜溜，正在这时候，那位校长朱太太轻轻的来到我的身边也跪下，用着诚挚颤抖的声音劝我道："亲爱的孩子，上帝来祝福你！"

我说："我不信上帝，我没有看见上帝在哪里！"

"哦！亲爱的孩子，上帝正在你的左右，你不能用眼睛看见，但是他是无时刻离开你的……譬如说我口袋里有一块手帕，你相信吗？"朱太太说。

"那我相信。"我说。

"好孩子，你信上帝也应当像相信我袋里有手帕一样。"

这话，我仍然莫名其妙，朱太太见我不信，她便用颤声祷告道："主呀！你用你绝大的力量使这个可怜的孩子皈依你吧，她在世界上受了许多痛苦，但是她不知道求你救她，她是你所迷失的一只小羊，主呀！你领导她……"朱太太祷告得哭起来了。

唉！我那时弱小的心是多么空虚，我的母亲不爱我，我的兄弟姊妹也都抛弃我，我的病痛磨折我，因此我为了这些我哭，我感动的哭，我这空虚的心，在这时便接受了上帝。我含泪对朱太太说："我信了，我真的信了！"朱太太见我答应信教，她欢喜得流着眼泪，她又跪下替我祷告了半天，便领我到牧师那里登记，在复兴会完结了后，我便成了教徒了。

宗教的信仰，解除我不少心灵上的痛苦，我每次遇到难过或惧怕的时候，我便虔诚的祷告，在这种心理作用中，我受惠不少。当暑假放学的时候，朱太太给了我许多印像的圣经上的故事，叫我回家好好对家里人宣传，我也情愿的接受了。

我开始对哥哥们宣传，我说：“上帝是这世界上的唯一救主，我们人类的始祖亚当、夏娃犯了罪，被上帝逐出乐园，所以我们这些人生下来也都有罪，除了信耶稣，不能逃出地狱。”哥哥们听了这话，开始大笑，他们竟笑得前仰后合，我呢那时虽仅仅才十岁的孩子，并不胆怯，他们越笑，我越宣传得热烈，于是他们不仅用笑来对付了，把那些圣经撕得粉碎，丢在痰盂里，并且鼓着掌高声说道：“什么耶稣救主，简直是一只猪，一只狗。”他们一面说，一面哄堂大笑，我急得流眼泪，可是他们依然不采。等到吃饭做祷告的时候，他们便围着我开玩笑，这个摸一下鼻子，那个扯一下耳朵，把我弄得没办法，此后只好偷偷的祷告。

真的，那时节我为了哥哥们的毁谤耶稣，流过非常痛心的泪呢，我常常偷着替他们祷告，这时我是不问所以然的虔信宗教——现在虽觉得是一件可笑的事，但也多谢宗教，不然我那童年的残破的心必更加残破了！

暑假后我又回到那所学校里去，同时又带来了两个表妹——那也是一对可怜虫，没有父母跟着伯伯过日子，而且一个又有肺病，在她们姊妹之间，也常是罩着阴霾的。

我们进了学校不到两个月，革命军就在武昌举义，那时家里人都逃到天津租界上来，直到后来校长朱太太不肯负责任时，我家里才派人接我们回去。我们这三个可怜虫坐在一辆骡车里，只见街上冷落无人行，有几株白杨树上挂着没有头的尸身，地上也是横七竖八的躺着死尸，用席子盖着，我们不敢睁眼看，都蜷作一圈。幸喜他们不知什么地方弄了一个护照，所以没有人为难我们，好容易回到家里，到处都是空洞洞的，只有一个表兄和听差在看家。我们觉得母亲们太残忍了，竟这样抛下我们自己逃难去，想到这里，那桌上摆着的饭我们简直吃不下了，我倚在一根柱子旁边哭，和我同岁的那个表妹呢，伏在风琴上呜咽，那个只有九岁半的表妹，她看见我们哭，她便也端着饭碗流泪。

我们三人哭了一顿，到底忍不住肚子饿，经表兄一劝，也都不哭去吃饭了。

晚上我们三个人睡在一张大床上，半夜里听见狗叫和隐隐的排枪声，表兄不敢睡了，进来把我们从梦中叫醒，都躲到土窖里去——这是他们最近掘的预备躲枪炮的。

这样担惊受怕的过了三天，才也到天津去，在天津住了半年，清帝退位，民国成立，我们全家又回到北京，母亲的意思还要送我们到那教会学校去，我对于那学校死气沉沉的生活和那些洋人高压的气焰，我实在不愿再忍受了，但我又不敢说不去。那时我大哥哥已由福建回来了，他对于我还好，我便同他商量，他允许替我帮忙，悄悄的教我做文章——这是我第一次开始做短文，做了几篇之后，就大胆的去考高等小学，如天之福，我居然考上了。母亲因为大哥的恳请，看见我考上了高小，所以也就不坚持她的主张，从此我就在高小读书，读了一学期，我拼命的用功，竟大大的进步了。母亲和亲戚们都觉得奇怪，认为我整个的换了一个人格，从前笨小鸭的我，现在居然有聪明之誉了。我受了这些奖励更加起劲，一天到晚不肯歇息的读书做短文，大哥哥也真肯给我改。年假后这个小学打算扩充，开办一班师范预科，我听了这个消息，就同大哥商量，打算去试考，如果能取上，不但有官费，而且更使母亲她们想不到的惊奇。可是我不敢相信自己，因此又只得悄悄改了名字去考，除了大哥哥不给任何人知道——哪里晓得居然又考上了，回来我自己喜欢得还以为是做梦，家里的人也以为我在说谎，直到我搬进学校去住，他们才点头叹道："想不到这孩子竟有出息！"

因为我自己奋斗的结果，到底打破了我童年的厄运，但这时候我已经十二三岁了，可贵的童年已成过去，我再也无法使这不快乐的童年变成快乐，直到现在回忆到童年，我仍不能不惆怅满怀呀！

中学时代

我十三岁的时候，考进女子师范学校，读了五年，这五年中我的生活也有许多值得写的。

第一我变了童年时的拗傲孤独的坏脾气，大约是环境的关系吧，在学校里，我们是最低的一班，而我又是这班中最小的一个，不但岁数小，身材也小，因之我处处被优待——这时候的教育正是极力模仿日本的时代，学制上学校设备上，甚至学生的装饰上也都效仿日本，所以一切的学生，都梳着高棚式的日本头——我认是最难看的一种装饰，穿着墨绿色的爱国布的衣裙，这种布新的时候还罢了，如下过两次水后，便变成将枯萎的菜叶的颜色，穿得每一个人都像从坟墓里挖出来的一样。我当时因为太小，不会梳头，就是别人代梳，而那几根半长不短的头发，也实在梳不上去，后来学监和校长商议的结果，特别开恩，准许我仍梳两条辫子，可是绿布衣裙却非穿不可。这一来更把我打扮得三分不像人了。这虽是一件小事，但当时在我的精神上，实在感到压迫，每次走到整容镜前我看了自己这种怪模怪样，有时竟伤心得哭了。此外学校里的规矩太严，不许这样，不准那样，我处身在这动辄得咎的环境中，简直比进牢狱还难过，每逢星期六放假回家去，就像罪人被赦般的欢喜，出了学校，觉得太阳都特别亮些。从前我是很不喜欢家庭的，这时候却完全变了，一方面固然是我妈妈待我好些，一方面也是因为学校压迫太狠了，先生们责备起人来都是不许问所以然的，否则便要罪上加罪。

在家里像没有笼头的马般，高兴了一天，时光拼命的向前跑，星期六的下午和星期日的上午似乎在一霎眼间，就过去了。星期日的下午四点钟必定要回学校去，只在午饭吃完，我的心就开始紧张起来，“多么可怕的学校生活呀！”我心里总响着这种声音，我只希望我生病，便可借故躲一躲了。

学校里虽然到处布着罗网，可是我们仍然要偷偷摸摸的闯祸，因为无论如何，学监只有两三个，她们总有看不到的时候，我们就借着这个机会捣乱，调皮——现在想想都是太没意义的事情，可是在孩子们的心里，都是一种绝大的欢喜，因为只有这时候，她们是表现了个性，她们才领受了自由的快乐。

这时候我有五个朋友，年龄都相差不多，一天我们读历史，听先生讲到明季的六君子，我们竟大高兴起来，下了课，就躲到学校里去商量，把六个人的名字按岁数月份的大小排起，此后便自命为六君子。同班的同学们，最初是讥笑似的叫着，日久叫惯了，我们居然成了大名鼎鼎的六君子了，不但是我们一班里的六君子，而且是全学校的六君子了。

自从结成了这个小团体，我们调皮的花样更多了，最使人奈何我们不得的便是大笑。不论遇到哪个同学，只要她们的举动上、面孔上、衣服上，有一些不平常的样子，我们就开始大笑，一个笑声接着一个，嘻嘻哈哈有时竟笑到半点钟还不歇，竟把那人笑得要下泪才罢。因此人们见了我们六君子，都不禁要皱眉头，可是她们也不敢轻看我们，自然我们的团结力，可以吓倒她们，同时呢，我们虽然一天到晚的玩，但都有些小聪明，所以考起来，成绩都在中等以上。有时候我们看见那些年龄大些的同学，拿着书拼命的读，我们就使促狭，不是抢掉她的书，就是围着她嘻嘻哈哈的笑。

我们这几个捣乱分子，竟使这个死气沉沉的学校有了生气，我们不怒不叹气，永远只是笑——大笑狂笑，笑得人哭不得喜不得，就是先生们也拿我们没办法，我们并不会犯校规，“难道我们笑也算犯罪吗？”学监只得罢了，同学们虽恨我们，可是又觉得我们是一群天真烂漫的孩子，并没有坏心肠，所以有几个还是喜欢招揽我们。

在中学一二年级的时候，就是这样快乐的过去了，所以这个时期不但是我的年龄上的黄金时代，也是生活上的黄金时代，可惜好景不长，这个黄金时代仅仅只有三年。到了我十六岁的那一年，在我们六君子之间，发生了许多不幸的事情，尤其是我——因为这时候我认识了一位新同学叫作王岫岚，她是一个高身材的女子，两颊长着横肉，她有着可怕的笑的姿势——她们都告诉我她的是笑里藏刀的笑，不过我那时毫不把这些事放在心上，管她怎样，只要她和我好，我便也和她好。哪里晓得自从我同她做了朋友以后，我们六君子中的五君子都和我淡了，有时还一群一堆的窃窃的议论我，做许多怪难看的脸子给我看。我莫名其妙，可是心也不能不跳，渐渐的情形更不对了，她们冷言冷语，骂了我许多话，跟着我又接到一封名叫王汉生，素不相识的男子的来信，信上写着许多肉麻的话，又约我星期六到先农坛的树林里见面，这一来可把我吓昏了，我便把这信给王岫岚看，她便说道："这个人是我的亲戚，他很仰慕你，所以才写这封信给你，我想你就和他交交朋友也没有关系呀！"我听了这话心里很不以为然，因为在那时候，一个女子和一个男人交朋友，那简直是自己找着送死，不但学校知道了要开除，就是家里知道了，也以为你做了见不得人的事，不处死，也要软禁起来的。所以我没有接受那个王岫岚的话，星期六回到家里，哭哭啼啼把信给哥哥们看了，他们幸好没有怀疑我，这才放了心。到学校里王岫岚屡次的引诱我，又叫我到她家里去玩，我这时也有点疑心她不是个好人，想到她家里去探探虚实，因此便答应她，到了她家一所不整齐的破屋子，一看就知道不是上等人物，我坐了一坐就要走，她又带我到她干妈家去玩，那屋子比较好多了。但是那里面住着的人除了一个四十多岁的妇人外，都是年轻的女子，而且打扮得不三不四的，我虽然年纪小，但心里有点怕，总觉得这地方不妥当，所以便忙忙告辞回去。

自从这一天后，同学们对于我态度更不好了，我独自躲在寝室里哭，我立志再不同王岫岚往来，这样过了几天，那五君子的一个，她看看我太可怜，便悄悄的叫我去告诉我说："王岫岚的干妈是开咸肉庄的，王岫岚也不是什么好东西，并且她在背后说你要同她的亲戚王某人结婚……我们因此都不理你了。”我听了这话才如梦初醒，想想自己原来处在这样危险的境地，禁不住伤心大哭，后来她们都知道我冤枉，才又同我和好，在这学期末，果然听见王岫岚被开除的话。

自从我遇到这件事后在我天真的心里，不免有了一些暗影，我不像从前爱笑了，而且在我家庭方面，母亲觉得我已经十七八岁的人了，眼看中学就快毕业，也应当想到我的终身大事，有时便同哥哥们谈起，哥哥们有几个朋友，母亲很想在其中选择一个女婿，而我这时对于结婚，没有深切的观念，而且有点怕结婚，觉得这是一件太神秘的事，所以我看见母亲们越急于这个问题，我便越扫兴。

同时，我发现了看小说的趣味，每天除了应付功课外，所有的时间全用在看小说上，所以我这时候看的小说真多，中国几本出名的小说当然看了，就是林译的三百多种小说，我也都看过了，后来连弹词，如《笔生花》《来生福》一类的东西，也搜罗殆尽，因此我便得了一个“小说迷”的绰号，便连家里的人也知道我爱看小说，就因看小说，我又无端惹起了风波。

这时候我母亲和姨母住在一所房子里，姨母有一个亲戚某君，新从东三省来，只有三十岁，他本来在日本读书，后来他父亲在黑龙江病重，喊他回来，他从日本回来不久，他父亲便作古了。因此他不能再到日本去读书，想在北京找些事做，所以投奔了姨母家来，我同他见过几次，偶尔也谈过几句话，他晓得我欢喜看小说，便把他新买来的一本《玉梨魂》借给我看——这里面所描写的事实，是一个多情而薄命的女郎的遭遇，情节非常悲婉，我看了竟淌了不少的眼泪。后来我把书还给他时，大约那上面还有斑斑泪痕吧，因此他便从我妹妹那打探听，我看了这书是否哭过，妹妹便说：“怎么没有哭……还有一天连饭都不曾吃呢。”他听了这话，也许是觉得我心肠软，多半总是个多情人了，因此便写了一封信给我，那信里委婉的述说着他平生不幸的遭际，他是一个有志的青年，但幼年死了母亲，跟着父亲过着寂寞的生活，现在连父亲也死了，弄得自己成了一个天涯畸零人，就想读书也无人供给学费等等。幼小无知的我那时节为了同情他，真流过不少的眼泪，所以我们渐渐亲密起来，不过我却不曾想到和他结婚的问题——因为那时对于结婚，莫名其妙的憎恶和恐惧，当真的曾打算独身，不过他却极力的向我要求，同时又请人向我母亲说。母亲觉得他太没有深造了，一个中学生将来能做什么事呢，所以便拒绝了他，并且又因为我哥哥另外正进行着别一方面的事，因此他简直是失败了，于是他写了一封非常悲哀的信给我，我看了之后，不免激起一腔义愤来，我觉得母亲们太小看人了；他又怎么见得一辈子不会发迹呢。我这样一想，觉得我有挺身仗义反对母亲哥哥的必要，我也写了一封信给母亲说：“我情愿嫁给他，将来命运如何，我都愿承受。”母亲和哥哥深知我是个拗傲人，无可奈何只得由我去，不过他们有一个条件，他非在大学毕业，我们不能举行婚礼，他当时接受了这条件，并且正式签了字，可是求学的经费大成问题，这使我们为难了很久，后来亲戚看见我意志这样坚强，倒不知不觉动了同情心，由一个亲戚拿出两千块钱来，放在银行里，作为某君大学的费用，我们便订了婚。

在这事件发生一年后，我在中学毕业了，我仅仅只有十八岁——这时候没有女子大学，别的大学也不开放女禁。所以我的出路很少，同时又因为哥哥在外国读书，家里的用款已经动了本钱，母亲很希望我能找点钱帮助家庭。

于是我结束了我中学生的生活，我开始在十字路口彷徨。

中学时代生活的回忆

只要一回忆到学生时代的生活，心头便不禁有一种顽皮的跳动，过去的童年，也似乎复活了。

我正是十三岁的那一年秋天，考进了女子师范的一年级，在全级同学的年龄中，我是倒数第一，身材呢，偏偏也是又矮又小，当我拖着两条小辫发，跑进课堂时，同学们都惊奇地望着我，在她们的揣测中，这仅仅是个小学四五年级的孩子，怎么会参加她们的集团呢，而我就在她们的猜疑中，安然地坐在第一排的位子上了。

一个中年妇女，据说是学监曹先生，迈着那小脚放大的特有的八字步，神乎其神的走进教室，登上讲台，我们恭敬的起立，鞠躬，坐下，学监发给我们一份油印的学校规则，上面罗列着森严可怖的校规。最使我刺心的，是学生必须全体住堂，除星期六例假外，不许外出，即使例假外出时，也必有家长盖章的证明书才行，星期日下午五点以前一定要回学校，如果迟误，下星期就不准回家。其次就是不许穿制服以外的任何衣服——而制服偏偏又是那样难看，夏季的是灰色布衫，灰色山东绸的裙子，新的时候还好，洗过几次之后，颜色灰暗，活像一窝老鼠精。至于冬季的呢，那又不如夏季的了，青蛙色的爱国布裙衫，洗得黄不黄绿不绿，谁说不能象征癞蛤蟆的色彩呢？同时头上再梳个日本式高搭凉棚式的头，真是呜呼噫嘻，不像鼠精，也像蛙怪了。这虽然似乎是一件小事，而对于我这个还拖着两条辫发的孩子，简直等于是一种滑稽的刑罚呢！

自从学监曹先生颁布校规以后，一些天真活泼的女孩子，霎时间都变成了日本婆娘——那时间日本的教育及其他，都正在中国走极时的红运，所有的教育当局，也大半是日本留学生，所以为了贯彻他们的取法乎日本的主张，便连装饰也必使其逼似。试想那样庞大笨重的凉棚头，顶在一些尚未全成人形的孩子们身上，究竟类乎不类呢？尤其在全级比较最小的我更是个要命的勾当，每逢走过整容镜前，由不得掩面急趋，这一副头大身小，畸形发展的尊容，便连自己，也无勇气看。所以仅仅是一个大棚头，和一身蛙色或鼠色的布裙衫，简直像一副全份的刑具，压迫得我无精打采，先天所有的爱美情感，都被摧毁了，因此我每个星期六回家时，必做一次欺骗的行为，那就是从学监处领得回家的通知书后，走到门房，放下包裹，先把那大棚头摧毁，仍旧拖两条发辫，这才雇车回家。第二天回学校时，也是偷偷摸摸趁监学不看见的时候，逃到栉沐室，恢复了大棚头，再去交通知书。

在这个中学时期中，本来是我的黄金时代，谁知我的活泼快乐的童年，竟消灭于这如牢狱似的学校生活中，至今想来，对于当时那种专门以压迫手段的学校教育，犹觉不寒而栗了。

对于学校训育法，给我的印象太坏了，至于功课呢，也是不能使人满意，一味的注入，不管你能吸收消化与否，他们只管照着老调唱，因此我对于读书，竟视为畏途，在讲堂里总是想法消遣，不是作打油诗，俏皮先生，便是和同学传递纸条，以为玩笑，只要听见下课铃一响，便没命的逃了。

在这枯燥阴暗的学校生活中，我有时仍然要自寻光明，那就是偷看小说——那时候的学生，除了教科书以外，什么都不许看，小说尤其在严禁之列，如被发觉，轻则学监叫去当面训斥一顿，把小说没收，重则挂牌记大过一次。可是这也禁不断我们，仍然不断的偷看书，有时我竟躲在讲堂最后一排的椅子上，把小说藏在国文讲义下面，趁先生讲的唾沫乱溅的时候，我已一页一页的偷看下去，有时看到小说中情节太滑稽的部分，我竟忘其所以的噗哧一笑，这就惹下了大祸，先生瞪起铜铃般的眼睛，恶狠狠的叫我到前排来，我连忙把小说往屉子里一塞，垂头丧气的坐到前排位子上，但是心里更急切要想晓得那故事的下文，于是我的精神贯注于那小说的想象中，虽是木然静坐，心早不知飞越到第几世界去了。

有一次，我从一个同学那里，借到林译小说的全部，这使我发狂的想看，于是就想了个绝妙的方法，跑到学监处，皱紧眉头假称肚子疼，学监叫我到寝室去睡——平时寝室的门是锁了的，除非生病不到打睡觉铃时，不准到寝室去的——我这时暗暗的高兴，拿着锁打开寝室的门，放下帐子，拿上两三本小说，睡在床上，大看而特看。到吃饭的时候，学监只派校役，送一些稀饭和咸菜给我，这使我有苦说不出，无可奈何，只好把这稀饭咸菜姑且疗饥吧。我这样装病过三四次，最后一次这个秘密被学监发觉了，以欺骗和违法的罪名，记了我一大过。

但无论如何，学校的生活，实难使我满足，于是不能不另想方法，发泄发泄心头的积闷。有一天读历史，读到十三太保和六君子这两名词，忽然心血来潮，便向同级的同学提议组织党派，有十三个同学她们特别要好，就要她们作十三太保，而我同另外五个年纪比较小的，叫自号六君子。而十三太保都是比较守校规而用死功的学生，和我们正相反——我们是全校最顽皮而不用功的学生，因此两方面常起冲突，不过她们为了顾忌校规功课，常常打不过我们。最使她们受窘的是每当看书的时候，我们常常设法阻碍她们的用功，闹得她们流眼泪，可是我们自己也不能对付这个考试，看看考期近了，于是我们便决定开一夜的夜车，但是学校里的电灯，十点以后就关了，我们商议的结果，是找来三只大饼干筒，把它们放在床上，在饼干筒里点一根洋蜡，我们放下帐子，并以棉被遮住外淹的光亮，拼命读书。这样整整忙了一夜，第二天居然考得不错，发榜的时候，都名列中上，十三太保反有几个不及我们，这简直给她们一个惊吓——以平常从不见摸书本的六君子，怎么能考得出呢，最后，她们只有赞叹我们聪明，我们也以聪明自诩，看见十三太保拼死的啃书本，而加以讥笑。渐渐的我们变成有毒刺的马蜂了，谁见了我们又头疼，但又不敢惹，而我们只要遇到机会，总想法捉弄人，我们的拿手就是围着一个人大笑而特笑，总要把那个被笑的人笑出眼泪才罢！

除了以上所说的那些以外，还有一件事，使我至今不能忘怀的，就是闹朋友，只要某人说某人一声好，旁边的同学，就大起其哄，把这两个人拖在一堆，算她们是好朋友。……我记得，我也曾被人拖过一次，不过我竟以满不在乎的精神战胜她们，我很无拘束的和那位朋友谈话——不过我们所谈的，却不是我们所想象的那些私情蜜意，我们两个都是小说迷，所以我们谈论小说的故事，这竟使她们莫名其妙，只好扫兴而去了。

一年复一年的我们这样生活着，混过四毕业书骗到手，我的中学生活也就告了结束。

第一次的教员生活

不知母亲同表哥们怎样活动来的，我这么一个中学才毕业的十八岁的女孩儿，竟居然做了某女子中学的教员，真惭愧我能教什么呢，国文连封信都写不通，英文程度更浅得可笑，当他们欢喜的报告我，“你的事情成功了！”我反吓了一跳，这么一个丑小鸭，竟教我在大庭广众之中，充什么先知先觉。后来我见过校长，他是一个将至五十岁的老头子，一副酒糟鼻子，最使我起不快之感，他说请我当体操教员兼教几点钟家事园艺——教体操我虽也勉强，不过耍耍棍棒操操哑铃球杆，我都还学过，回家去悄悄的练习练习，也将就应付得过，至于教家事园艺，这简直是开玩笑，我又懂得什么家事，便连父族母党的称呼我都弄不清，别的更可想而知了，说到园艺，就是种花、莳种、怎样布置庭园的这些常识我哪里有，就到现在我也拿它没办法呀，可是为了母亲的意思，我不得不接受了聘书。

到了学校里我第一先要看看校长的办公室，那真滑稽，是那么一间杂乱无章的房子，桌上案上也没有公文函件，只堆了许多学生的大小字——后来一打听，原来这位校长会写字，所以全校的习字都由他教，至于学校的公文呢，倒完全交给一个文牍去办，他闲了便满院子里走来走去，在那些中学生的堆中挤。

再走到训育主任的房里呢，看见那位主任先生，正在绣花，大声的和娘姨谈天呢，我起先还以为是认错了——你想一个四十多岁的旗装妇人，满脸脂粉、满肚皮脂肪的俗物——怎么会是堂堂女子中学的训育主任呢，不过校长明明是这样介绍的呀。也许是我知识浅经验少吧，我这样想着也就相安无事了。

到了操场里，我上体操课——幸喜我学的是师范，在第四年级时，我曾实地练习过，所以脸皮还不薄，拉长了声音喊着“立定”“稍息”“向右看齐”一类的口号，当时自己觉得颇神气呢，就像军队中的指挥官，趾高气扬的命令着，但是那些学生，身材多半都比我高，就论年龄也有比我大的，当她们排队走过我前面时，我便不免自惭形秽起来。

那虽然心里只管内愧，可是在面子上，我却像煞有介事，在第二年的春天，我和校长商量好，要开一个春季运动会。于是我每天的替她们练习赛跑、跳远，这些硬工夫还好对付，只要学生不断的练习就可以了，最使我为难的，要教她们跳团体舞，那个时节的跳舞，我虽也学过一些，但都是杜撰的，既不是水手舞更不是什么土蜂舞，只不过从梅兰芳那里学来的一些散花舞更参照着一些西洋的步伐，总而言之，我费了一个星期的工夫才编出这一套中西合璧的花圈舞，每一个学生手里举着花圈按着一二三四的琴拍，上下右左的舞了一阵。

这个滑稽的运动会开过了，校长似乎还很满意，因为不论如何，我总替他的学校出了风头。可是我还不曾高兴几天，学生方面又发生了问题。三年级有几个学生，对于我的教书，有点不满意，她们说我念别了字，又是园艺也讲不清楚，这个消息传到我耳朵里，我真是如坐针毡，本来我自己就不愿意来教书，现在可出了丑，怎么还能装聋作哑的混下去呢，所以在春假完结时，我不得母亲的同意，就悄悄的辞了职。

辞职虽然很轻便，可是我却没有胆子，回家去吃白饭，正好这时候，我有一个朋友，在安庆当小学校长，她有信约我去帮忙，我想中学教不了，小学总可以了吧，所以连忙写快信去答应了。在我一切行装都预备好了，我才回家报告母亲我辞职的经过，并请她原谅我的不得已。母亲听了我的话，怔怔的望着我道："你的哥哥们都还不曾毕业，家里用钱的地方又多，我愿你帮我两年，谁知你到底拗傲成性，一点都不能忍耐。"我受了母亲的责备也无话可答，后来我允许母亲到安庆每月仍寄钱回来，母亲仍然不高兴的叹了一口气："随你去罢！"当夜我在家里吃过晚饭，便携了一肩行李，只身孤影的走上征途。母亲因为不放心，请表兄送我上火车，到火车站，我匆匆的买好车票，心雄万夫似的跳上车子，当车轮蠕蠕而动，我和表哥告别时，在我心头没有离愁，没有别绪，只有一股洒然的情绪，充塞着我的灵宫。我觉得这十余年时如笼中鸟般的生活，我实在厌倦了，时时我希望着离家，去过漂流的生活，因为不如此，似乎无以发淹我平生抱负——我虽是一个女孩儿，但在这时节，我的心肠没有温柔的情感，我羡慕飞仙剑侠，有时也希望做高人隐士，所以这一次离家，我是充满了欢喜骄傲。好像是一只羽毛已经长成的鸟儿，从此天涯海角任我飞翔。

到了安庆时，我的朋友接我暂到她家去住。第二天才送我到学校去——这是一座省立模范小学，已经办了两年了。据说我的朋友办学还认真，成绩很好，我在这里仍然担任体操，和国文习字历史地理等科，这当然我是应付得来的，不但小学的课程老底浅，况且我又有了一学期的教学经验，同时又碰过钉子，所以对于预备功课，不敢马虎，所以我在这里教书的成绩不算坏，有许多学生直到现在提到她们过去的先生黄某人，都心悦诚服的赞叹着呢。

不过在那时候，我的心是浮动的，无论到了什么地方，我都不能平清的久住上去，看命的人说我正走驿马运，所以要东奔西跑，我自己虽然不信命相，不过欢喜跑，我是不否认的。所以在安庆住了半年，我又感到这里生活无趣所以又携着箱箧回北京去。

这时候恰巧河南女师范要请教员，我就去见我母校的校长，请他荐我去，他答应了。过了几天他叫我到学校去，又介绍我一个同去的同学。那人姓杨比我低一班毕业的，我们把一切的手续都办好了，那位校长又替我们开了一个送别会，在会席上，他勉励我们不少的话，当时我们觉得那情形果然严重，真像自己是个了不得的人物，此去前途必大有作为。哪里晓得，到了河南时，为了环境的腐败，积年的流弊，改无可改，那些学生因为我们的言论比较激烈，认为我们是名教的反叛，是一个可怕的危险物，而那些旧教员，又怕我们占了势力去，所以便怂恿学生们在讲堂上问难我们，把些癖典怪字，拿来考我们，从此日子就太难过了，每逢上一点钟课，就好像站了一点钟的站笼，真够受罪了。但既已接了聘书又不好撂下就走，同时自己也不服气，又怕别人讥笑，所以只好一天挨一天，好容易杨柳绿了，桃花开了，渐渐的花落叶茂，天气蒸热，暑假到了，我们如同被赦的罪囚，欢天喜地的跳出牢笼，在京汉路上，高歌激云，庆祝我们得以回来。

回来是回来了，暑假以后又怎样办呢，一度一度的流年，这样等闲过去，渐渐有点知道愁滋味了，而且母亲又时时在责备我，说我没有长性，表姊妹们又给我起了一个绰号叫一学期先生。

大学时代

唉，厌倦，厌倦，一切都使我厌倦，但更厌倦的是教员生活，在这时期，我有点想着嫁了罢，免得受许多苦，但是某君大学还不曾毕业，所以只得罢了，只好再另找出路。当然母亲还是要我去教书，我呢，受了这一年多的折磨，我深切的了解我的学问不够，我只能再读书，不能再教书了。正巧这时候北京女高师招收学生，我就打算去读，不过母亲极力反对，她说："一个女孩子，已经中学毕业，就很够了，还要读书做什么，而且我现在也没闲钱来供给你，你自己去细想想吧！"

我碰了这么大钉子后，心里非常难过，我记得为这事，我曾躲在房里哭过几天；我也想管母亲应许不应许，我偏去考，她又拿我怎么样，不过学费呢，保证金呢，我到哪里去拿。虽然我做了一年多的教员，可是我除了给母亲一部分的钱外，其余的也早用完了，现在我是阮囊羞涩，而天下事，没有钱是最没办法的。因此我便写信给我安庆的朋友，她就劝我再做半年事，自己积些钱作为学费及保证金，如再不够呢，她也可以帮我一些。我觉得这办法很好，所以在暑假后又到安庆去，在那里教了半年，省下两百块钱，又是回北京，而女高师已过了考期，幸喜我是本校的初级师范毕业生，里面还有几位熟教员，通融的结果，才许我考。我要想插进第一层的文科去，她们已经读了两年了，现在算是本科二年级，起初校规不许招插班生，只准暂作旁听生，以后看成绩再从新分派，我无法，便以旁听生的资格，交了二十块钱的保证金和膳宿费——旁听生有膳宿费，正科生全免——搬到学堂里去住。

这个时代的我，因受了一年多的社会磨炼，从前那些不知天高地厚的轻狂脾气，完全改了，处处只感觉得自己不如人，所以当我进学校时，看见那些旧学生，趾高气扬的神气，简直吓倒了，并且我们这一班的同学，又是由各省师范毕业生，或小学教员里选拔出来的，中文都很有根底，所以我更觉得自惭形秽了。记得第一次上作文课时，先生出了个题目是"礼记内则中的时而后言论"，什么《礼记》，我简直连看都不曾看过，因为我在中学时代所读的只是一些唐宋八大家的古文选，四书五经中也只读过《诗经》同《孟子》，这个题目已经弄得我莫名其妙，想问同学吧，又怕她们笑了去，所以只好自己悄悄跑到图书馆去，找出《礼记》原文，看了又细细的读了注解，心里才有点明白，花了一天的工夫才把这篇文章做好，勉勉强强写了一千多字，然而再也不敢交到先生那里去，怕先生骂我不通，因此我就打听一个旧学生，我说："国文教员他喜欢哪一类的文章？"

"嘿，"那位旧学生装腔作势的说道，"你不知道，我们这位先生，书读万卷，渊博得很呢，所以我们做起文章来，每句都是有典故的，他就喜欢言之有物的文章。”

嗳哟！她的这一大串话，真是把我吓矮了半截，什么典故，我满肚搜罗，也搜不出几个典故来，而况每一句话都要用典故，这我哪里做得出来，我当时虽然这么想，但我嘴里到底不好意思说出真话来，只唯唯诺诺的离开那位旧学生，我又跑到自修室里，把我自己的文章拿出来看了一遍，数来数去通篇仅仅用了两个典故，我想再加上几个吧，但是可怜贫穷的脑子，到底想不起来……唉，事到如今，我只后悔小时不曾多记几个典故了。

同学们的文章都交了卷，我还只挨着不交，但是丑媳妇终须见大婆，不交不行，还是老着脸皮交了吧！自从交卷以后，我是一直提心吊胆，不知道先生看了我这无典故的文章，要怎样开发呢。

一天又一天的过去，作文的时节又到了，那位老先生抱着一摞改好的作文簿子，一本一本的发还我们，我的心怦怦的跳着接了卷子，打开来一看眉批上面写了一个“选”字，我不知道什么意思，暂且不管，掀开最后的批语一看，只见上面批写着“立意用语别具心裁，非好学深思者不办”。这一个考语在现在看起来，也就平常得很，而那时节，却大大不然。我竟喜欢得手舞足蹈起来，同学们见了我的样子，也都围了上来，要看我的文章，我究竟不好意思，连忙收了起来，正在这时候，只听那个老先生说：“你们都坐好……前些时候我们不是打算出一本文艺观摩录吗？有许多文章可以选进去，所以凡上面有‘选’字的，请你们另纸誊清，将来收集齐了，就可以付印。”我听了这话，心里更觉得高兴，想不到我的文章也有被选的资格，从此以后，我的气焰日高，再不肯受她们的愚弄，而且那些旧学生，反到很看重我们——这个学期的插班生，只有我同苏雪林两人，第一学期我们是旁听生，在年假大考以后，因为我们的成绩列于最优等，所以立刻升作正班生。

在这个时期，我读书虽然算是很顺利，可是我的心境却很可悲，最大的原因，是为了母亲不赞成我进大学，所以不但学费不帮忙，还要时时的责备我，每当星期六回家去，总要流眼泪的，这样的一来，竟弄得我“等是有家归未得”，眼看着那些同学们，兴高彩烈的提着箱箧，或包袱回家去，我的心更一剑一剑的被戳着，有些同学偏不知趣的追问我：“黄！你怎么不回家去？”

我苦哭着向她们撒谎，不是说“就回去！”便说“要在学堂里看书”。这些时于人生毫无深刻观察力的同学们，她们哪里会看出我内心的苦衷呢！她们不关痛痒似的唯诺而去，白白的搅得我心乱如麻！

同学们一个一个走了，热闹的宿舍讲堂、校园，这时都变成墟墓般的寂静、冷清，在这种如寺院的环境中，现在所剩下的人，除了我以外，就是那几个家在外省，漂泊异地的游子罢了——不过她们还不至像我那样伤心，仍是安静的料理一些琐事，或和朋友们出去买些零食，回来吃着谈笑。只有我独坐在走廊的木栏杆上出神，有时看着云天过雁滴泪，唉，我开始体验那较深刻的人生，我常感觉得做人无趣。我喜欢读老庄的书，满心充塞了出尘之想，不过这些出尘的意识，究竟太浮浅，遇到高兴的事情时，仍然很起劲。

在我进大学的那一年，正是五四运动的时候，这当然是个大变化，各种新学说如雨后春笋般，勃然而兴，我对于这些新学说最感兴趣，每每买些新书来看，而同学之中十有九是对于这些新议论，都畏如洪水猛兽。我还记得，在我们每星期五晚上的讲演会上，有一个同学竟大胆的讲恋爱自由，她是一个圆面孔，身材丰腴的女孩儿，当她站在讲台上把她的讲题写在黑板上时，有些人竟惊得吐舌头，而我却暗暗的佩服她，后来她讲了许多理论上的恋爱自由，又提出了许多西洋的事实来证明，大家窃窃私议的，有脸上露出鄙夷的表示的，也有的竟发出咄咄的怪声的，而那位同学，雪白的脸上，涨起了红潮，她是咬牙在忍受群众的压迫呢。散会后，我独去安慰她，同情她，而且鼓励她勇敢前进，这样一来，我也被众人认为新人物，时时冷讽热骂，有几个更浅薄的同学，常常讥讽我，因为我不懂旧文学，所以只好极力学新的——据她们的脑筋，以为新文学，是用不着学就会的，只有她们满肚皮的死四书五经，是我们这些不学无术的人望尘莫及——当然我对于这种讥讽也只得承受，无论如何，我肚子里是没有典故的。

我这么个落落难与人合的一个怪人，可是她们只好心里看不起我，面子上她们倒也不敢怎么样，第一因为我心直口快，说话虽说不上尖利，但也不算笨，而且我平常做事，又是什么都不怕，要做什么就做什么，所以我虽是一个插班生，但进去了不久，便举为学生会的干事。这个时候正是国家多事之秋，不久就有日本人在福州打死人的事情，这些被压迫几千年，才得解放的民众，真如同发了狂的，今日这一个团体开会发宣言，那一个团体请愿，游行大示威，当然这是学生会的买卖到了，我整天为奔走国事忙乱着——天安门开民众大会呀，总统会请愿呀，十字路口演讲呀，这些事我是头一遭经历，所以更觉得有兴趣，竟热心到饭都不吃，觉也不睡的干着。

而在百忙中，福建同乡会，为了本省切身的问题，联系各学校的福建同乡去开会，而我又被举为女师大福建同乡会的代表，到师大北大去开会，在那里我认识许多男学生，也可以说是我第一次同男人们合作，在开过几次会的结果，我又被举为大会的副主席，和一个刊物的编辑。

为了忙于工作，我更不大回家了，有一个星期六，我家里竟写信叫我回去，我正不解什么缘故，到家一问，才知道是那位和我订有婚约的某君，要和我谈谈结婚问题——因为他这时大学已经毕业了，我当时哪里有心肠结婚，便告诉他我也要等大学毕业了才结婚呢，当时他虽没有反对，不过他却劝了我许多话，觉得我一天到晚在外面奔走是可笑的，一个女人何必管那些事呢！这一次的谈话，他使我发现他思想的平庸，我心里很不高兴，当晚仍回学校来。

第二天我接到某君的信，虽然满纸温和的话，但是我觉得句句都使我刺心，我于是写了一封回信，痛言我自己对人生对社会的思想，和他所建议的那种庸常生活，正相反对，同时我又告诉他我现在读安那其的无政府主义的书。这封信去后，他又给了我一封信，除了劝我不要太新，他又报告我他要去考高等文官——我看了这信，心里更不高兴。我这时正痛恨官僚政客，而且他本来是学的工程方面的东西，一个工程师要想做文官，这简直太滑稽的可笑，从此我们的意见一天一天相去越远，感情也日渐恶化。不过他是个忠厚老实人，始终对我极温和、诚挚，偏偏那时候的我，有一点古怪脾气，觉得一个脾气太好的男人，不是我所需要的，我羡慕英雄，我服膺思想家，我感觉得和他结婚，我心里一定不快乐，解除婚约的一念，在我心里渐渐的滋长起来，因此我心情更暗淡了，常常背人垂泪。

这时候我有几个好朋友，她们和我年龄相仿，而且有一点相同——都是志趣不凡，同时也都是喜欢玩笑，因此我们在许多同学中，另成了一个小团体，在一天上课的时候，我们四个人，悄悄的传着纸条子，不知怎么谈起战国时的四公子来，其中有一个人，便提议：我们恰巧是四个人，以后就自称四公子吧，她们便封我作孟尝君，其余二人，也各占一份。我们起了这个绰号以后，并给全班同学一个启事，后面署名是四公子同启，因此我们这个绰号，不久便传遍了全校，后来她们提起我们，总是说四公子了。

我们四个人，自从结了这个小团体以后，大家感情也日渐亲密，每每于课余之暇，各诉衷曲，这时四公子中，只有我一个人是订了婚，她们三个人，还是无主名花，所以她们于我的事情——尤其是同某君订婚的事情——更感到兴趣，时时探听我们间交往的经过。

有一天正是梅雨天气，窗外杨柳临风摇掩，她们三个人都在那里商量做一样的衣服，同时征求我的同意，一回头看见我正忙坐在书案前，她们莫名其妙的都围拢来，追问我为什么发怔，我被他们一问那眼泪更忍不住滴了下来，她们连忙拉我到操场去，一面劝慰我，一面仍在追问我，我便把我近来心头的忧愁告诉了她们，并且告诉她们，我想同某君解除婚约，我情愿独身，必等他结婚后，我再说。她们听了我这话，都觉得我神经太敏感了，并且又说当初你既那样看重他，不管家里的人反对，和他订了婚，怎么现在又解约，人家不要说你二三其德吗？我听了这话觉得她们固然有理，但是我一想到结婚后的平凡生活，要毁了我的一切时，我仍不能承受她们的劝告。我说从前我和他订婚时，我年纪还小，并不是对他有深切的了解，不过一股义情的作用，现在他因为我的原因，大学居然毕业了，以后前途正未可量，我这时和他解除婚约，并不是看不起他，只不过各人有各人的志愿，我不嫁他，是尊重我的志愿罢了，而且我同他的性情太不相合，纵使勉强结婚，彼此也只是痛苦罢了，所以还是解除了，彼此都好。她们听了这番话，也不好再劝我，于是我便写了封信给某君委婉的陈说解约的理由并祝福他将来找一个和他志趣相同的人结婚，他最初不肯，并托亲戚和我解说，但经不起我执意不肯，他也只好答应了。我自从和他解除婚约后，我一直在担心，幸喜没有多久，他已经同一个很有钱的小姐结了婚，我的心才放了下来。

在这时候，我整天的看书，研究社会问题，同时我因为做编辑，和几个男学生时常有函札来往，渐渐的从泛泛的同事，变成朋友。不久闽案了结，同乡会因种种关系——多半是争权夺利吧，大家解体，其中有几个人，是声气相通的，于是分出来，另外又组织了一个秘密团体，叫作社会改良派，英文叫作Social Reform，简称为SR，一共有十五个人，每星期聚会一次，而地点都很秘密。我那时节，对于社会的经验既少，所看关于社会科学和什么主义的书，又很少，所以虽然是SR团体中一个会员，但究竟没有什么主张，他们便时常送我些社会主义的书看，并常常和我通信讨论，因此我的思想真有一日千里的进步了，我才了解一个人在社会上所负责任是那么大，从此我才决心要做一个社会的人。

在SR团体中，有两个青年和我特别亲密，其中的一个郭君比较一切的人都深沉，旧文学很有根底，他做了很多论文登在杂志上，时常寄给我看，因此我俩的感情认识也与日俱增了。不久我大学将毕业了，照学校的规则，在修业的最后半年，应当到各地去参观，我们全班商议的结果，想到日本去，而学校每日只肯津贴四十元，而核算起来，每人没有百元之款是不敷开销的，因此我们便商量着演新戏筹款。

新戏这时候，还是个萌芽，没有好剧本不用说，根本便连剧本也没有，而我们却是初生的犊儿不怕虎，竟胆敢自己创作剧本——这事说来真好笑，不过也值得令人惊异，我们差不多都成了演剧的天才家——怎么讲呢，我们自己创作的剧本，只有故事的架子和分幕，没有对话，就这样派好了人，这几个人把这故事记清楚了，便上台自己想对话，我记得那时候，我演的一段剧是叶启瑞——这故事大概有人还记得吗？就是一个大学生，在家乡已经娶了妻，后来在外面和一个女学生恋爱，便设法把家里的妻子害死了，那个女学生知道他这样没有良心，便大骂他一顿，和他决裂了——我便演那个女学生，在戏台下面我还不曾想好我要说些什么呢，而竟敢卖票，公演，偏偏女学生演戏是创举，所以来的人特别多，我们借的是教育部大礼堂做会场，第一天满座，第二三天便连窗户外都挤满了人，我好像做梦似的，演了三天，结果竟出于意料之外的成功，不但票价竟卖了三千元，而且报上还给了我们不少的好评，当时我们自然是得意的，不过现在回想起来，不免汗流浃背，中国枉称古文明国，无论什么东西，都是这样幼稚！

演过戏，我们有了钱，便办赴日的手续，我们四公子更是兴致勃勃，老早就先跑到天津去住在一个朋友家里，名义是参观天津的学校，实际呢，是大玩特玩。白天随便到一个学校里，走马看花似的参观一遍，回来后在天津的大街小巷，混逛一顿，晚上就到日本神坛里，睡在芳草地上说天讲地，那时候我的生活比较得快乐些，但另一方面呢，我不知什么时候又陷入情网了，同时其他三公子，也都为爱情所困搅着，这时我们大家都有点心事，所以快乐中，不免含着眼泪。

到了日本，第一使我感觉得憎恶的，便是那木屐的繁响和那些女人屈背弯腰的卑微的样子，可是日本人的招待我们的殷勤、周到，真令人佩服。一看就知道是政治清明的国家，无论什么地方都表现着秩序井然，负责有人，不像我们中国只有人拿钱，争权利，而没有人做事，因此我们一面仇恨他们的凶狠，但一面不能不钦佩他们的力求上进的精神。

我们从横滨下船，没有停留，就坐火车到东京。住在一个协会里，休息了一夜，第二天就有日本招待团所供给的汽车五辆载我们到各学校各大公司去参观。在东京住了两个星期，所有的学校都参观了，同时有许多中国学生团体，开欢迎会招待我们，所以终日没有停息的时候，这时我的兴趣极好，每日做日记，预备将来写成一本游记的。

我们离开东京后就坐火车到西京——西京的一切都和东京不同——东京是动的，而西京是静的——拿中国地方来说东京有些像上海，而西京就像北京了。我觉得西京给我的印象最好，那里有皇宫故址，我们在黄昏时，漫步宫墙左近，但见满地杜鹃花，艳鲜夺目，至于街上也没有东京那样拥挤紧张，就是此地的人民，也比较平和冲淡些，在这里我们参观了帝国大学的医科，和附设的医院等。

除了参观学校，我们又到了德岛、日光等名胜地方玩了许久，德岛的山光水色至今还深印我的脑际，至于日光当然以华严泷为最出名的胜迹了。我们从日光的宿舍出发到华严泷是步行去的，其中有十余里的距离，所以到了华严泷时，大家都已筋疲力尽，但我同另外的三个同学，因为看了这三千尺的大瀑布，不禁叹为奇观，不肯即此而止，必欲穷其究极，所以我们不辞劳苦攀了软木梯到了瀑布的下面。我站在瀑布的前面，但见匹练自天而降，飞珠细沫，微溅衣襟，心胸不禁为之爽然，但同时也激起一些灵感，于是我的日记簿上写了一篇文章叫作《华严泷下》，曾在某刊物上发表，可惜我无底稿，现在这篇东西竟不知到哪里去了。

玩过胜景，我们就乘船，渡海到朝鲜参了其子墓后，在青年会住了几天，有一个大连学生团体，请我们吃饭，在谈话中，他们隐隐露出许多朝鲜人亡国的苦痛，并希望我国能提携他们，早谋独立的意思，我听了这话满心悲愤，几乎落下泪来，同学们也都黯然。

离了朝鲜，坐火车到奉天，奉天在高师住了两天，也到处去参观，使我印象最深的，就是奉天人特别不讲卫生，蚊子、苍蝇、臭虫，到处都是，我记得在饭碗里曾发现三个苍蝇，因之我不敢下箸。

从奉天又到大连旅顺，那地方简直就是变相的日本。只有一两条唐人街，还依稀有点中国人特殊的风味，怪模怪样的中国小脚女人，时时点缀其间而已。

从大连回到天津，又转北平，这一个多月奔马似的生活，现在告了结束，回到学校，忙忙做毕业论文，拿了文凭，从此脱离学生生活，踏进社会，这些可歌可泣的青年生活，又成了历史上的成绩了。所以在毕业生聚餐的那一天，大家都是满面愁容，尤其是我更觉得难堪，因为别人至少有些美丽的幻梦——对于她们不曾经验的社会里，而我呢，是个中苦趣，已知二三，当然怀惧更深了。

但是时间是解决一切的，三年的大学生活，被无情的时间送去，此后的一切，也只有让时间来解决了。

著作生活

当我小的时候，已被冷酷的环境，压迫得成了一个木然无所动于衷的人物，又因为家人都料定我是没出息的，所以美丽的幻想——我从不敢轻易沉溺，而且我也自信是个没出息的，不然为什么人人都会做的，我偏不会，人人都爱的，我偏不爱呢？

童年消逝了，我进了中学，那时候，虽然比较活泼多了，可是仍然和一切的孩子一般，一天到晚，玩玩笑笑，也从来没有做过任何梦想，读书呢？也不感到兴味，只像向先生还债般，逼得紧，也念得勤，不然仍是做一天和尚撞一天钟，除了有一些灰色的阴影，掩映于心头外什么都不觉得，也什么都不想到。直至中学将毕业那一年，我才开始看小说，开始了解小说的趣味——不过那时候还不曾有人谈过文艺，我更不知道小说也是文艺的一种，我只觉得这种书里满含着活泼的逼真的事实，这些事实可以解忧，可以消愁，可以给人以刺激，可以予人以希望。因此我放弃其他一切的书，专门看小说，在一年中我看了二百本左右的小说。不过我虽看了不少的小说，可是我还不敢妄想自己也写小说。

在我进大学的那一年，胡适先生极力提倡白话文——同时胡先生又教我读中国哲学史大纲，在这个时期，我的思想进步的最快，所谓人生观也者，亦略具雏形，对于宇宙虽不能有什么新见解，至少知道想什么是宇宙，和宇宙间的种种现象，何以成何以灭的种种哲学问题了。可是这个时期我最苦闷，我常常觉得心里梗着一些什么东西，必得设法把它吐出来才痛快，后来读文学概论、文学史，里面讲到文艺的冲动，我觉得我正有这种冲动，于是我动念写一本小说，但是写什么呢？对于题材，我简直想不出，最后决定还是写我自己的生活吧，但这种尝试的工作，越秘密越好，不然写不好，被人知道笑话，因此我每每躲开他们，藏在图书馆的一个角落里，悄悄的写。过了几天，我把那写好的东西，自己读一遍，觉得杂乱无章心也懒了，把它藏在箱子里——这一本没有结束的残稿，至今还不曾续好，前年我竟把它烧了，只在我创作生命上留一点忆记而已。

后来我读了几本短篇小说，我想到长篇小说结构穿插都不容易，还是去先学写短篇的吧，当时不记得取了一种什么题材，写了一篇短篇的，拿去请教文学教授陈某——当然我的心是紧张的跳动，我惟恐他决定我没有创作的天才，那我什么希望都完结了，这简直等于判定死刑待绞一般的难堪呢。当我战战兢兢把文章递在他手里时，我真觉得他有无上的权威，他把那小说马马虎虎看了一下，说道："你也想做小说吗？这不是容易的事呢！你这篇东西就不像小说，我看还是不写吧！"我被他这当头一棒，打得我全身疼痛起来，我满脸羞愧的接过那稿子来撕了个粉碎。

为了这件事情，我难过了几天，但是我还想写，同时我又发现这位陈某他自己没写过小说，他所知道的只是一些经学通论呵一类的陈旧东西，他有时就连客观与主观都分不清楚，这么一个人难道他也懂文学吗？我这么一想于是胆又壮了起来，于是我经了几天的思索，写了一篇叫作《一个著作家》——现在收在《海滨故人》的集子里——那时候正是沈雁冰先生在编《小说月报》，我因郑振铎君的介绍认识他，便把这稿子寄给他——当然没有敢希望一定可以刊登，所以心情也很紧张，直等了一个多月，我看见《小说月报》居然把它登了出来，这一喜真正于金榜题名时，从此我对于创作的兴趣浓厚了，对于创作的自信力也增加了。

但是那时候从事新文学创作的人，究竟太少，所以一般脑筋顽固的人们，对于我这种的努力，认为是可笑的——在他们的脑筋里，只有长篇累牍东抄西剪的论文是值钱的，况且魏文帝也说过——文人相轻自古而然——我们的时代的又何独不然呢！幸而好天生就我是执拗的脾气，除非不曾拿定主意，否则，无论别人怎样冷嘲热骂，我还是我行我素。在大学的三年里，我写了十几万字的文章，其中有短篇小说，有游记，也有散文，短篇小说已集成册子，而出版问世的，就是《海滨故人》（短篇小说集）。游记有一本《扶桑印影》，就是记载日本参观的一切，可惜被一个朋友拿去丢了——而我又无副本——这也许是习惯，我从来写文章最难起稿——并不是别的。我怕誊清，所以每一篇小说，因为起头的不得当，有时竟换七八张稿纸，等到头一起好，那便一直写下来，毫不困难，所以我做文章不怕结尾，只怕起头。

在我的处女作《海滨故人》出版以后，我因为生活上发生了变化，在这种变化中，我的心情是复杂的，一方面我是满足了——就是在种种的困难中，我已和郭君结了婚，而一方面我是失望了——就是我理想的结婚生活，和我实际的结婚生活完全相反。在这种心情中，又加着家庭的琐事，我几乎搁笔半年不会写文章。半年以后，我又继续的努力我的著作生涯，这时节所做的有《胜利以后》《何处是归程》《父亲》《秦教授的失败》等短篇，又经过半年我便遭人生的大不幸，郭君竟一病而逝。在这时节我心里当然充满绝望哀感，在我送他的灵柩回故乡安葬，我便在故乡的女师范教了半年书。在这半年中，我所过的生活，所谓极人生之黯淡生活，但是我的心倒比较清闲了，于是又继续写文章，在这时所写的，如《寄天涯一孤鸿》《秋风秋雨》和《灵海潮汐致梅姊》等，短篇共收集一册名为《云海潮汐》约六七万字，在开明出版。

故乡的人情习惯，对于我都觉得太不惯，尤其他们做人的态度更和我格格不入，所以我住了半年，便又跑上海漂泊着。在这个时期我在上海大夏附中教书，就住在女生寄宿舍，每逢课余，仍继续写文章，但是自己觉得比较写的东西，到底太少。

不久接到北平朋友们给我的信，回到故都去——故都是我自幼生长的地方，我对于那地方的感情，特别浓厚，所以我就辞了这方面的教职和几个朋友一同北上。在北平我充任平民教育促进会的文字编辑员之职，所以整日更是笔不离手，不过这时节我所写的东西，全不是我心里想写的，比如编平民千字课，一天到晚拿着那一千个基本生字，想尽方法，编成种种常识、歌谣等。虽然，写的也不算少，可是我这些东西，都不能在报纸上发表，在表面上有些人或以为我在创作的路上，已经搁浅了，而我自己呢，也感到编千字课这一类的工作，太器机死板，所以只做一年，我便辞了不干。以后我便想试着写中篇或长篇的东西，有几个朋友觉得在北平办一个书店，出一本定期刊，是很有意义的工作，于是我们几个人，每人拿出几百元来，筹备办一个书店，起名为华严——取其有文章之彩饰，而又有态度庄严之意。在书局不曾开幕之先，我们又创办了一种半月刊，叫作《华严》半月刊，我任编辑之职，因此更不能不努力写文章，我的中篇小说《归雁》就在这时期中产生了。同时我又搜集了年来所做的短篇集成了一册叫作《曼丽》，这里面所有的文章，多半是在《晨报副刊》，和石评梅君所办的《蔷薇周刊》上发表过的，这些文章，我认为都不足登大雅之堂，不是为了要几个稿费而作的，便是为朋友逼出来的。在这几本东西以后，我又和李唯建君共出了一本《云鸥情书集》——这本东西之能问世，是在我们意想之外，因为那里面的几十封信，完全是我们一年以来的通信，有一次大家无意的谈起这些信，拿出来重看一遍，觉得写得很美，不像一般人的情书，在这里面，有我们真正的做人的态度，也有真正的热情，也有丰富的想象，所以我们便决定把它公开了。

在《云鸥情书集》以后，便是我所写的《东京小品》了，这本东西，是我同李君旅居日本时所写的小品文，共拟了二十个题目，而我只写了十一篇，便回国了，其余的九篇虽有题目，还没有工夫把它写齐，那已经写好的，都在《妇女杂志》上发表过，将来或能收集成册。

从日本回来后，我们就寄寓西子湖滨，我们决意不做事，修养半年，写半年文章——本来这地方最是好写文章的地方，山清水秀，生活又非常松散，被压迫的灵感，在这美丽的环境里随时随地都有触发的可能，况且我们这时候又最穷——文以穷而后工，如果是真的话，我们当然可以写出好的文章了。——文章的好不好，我自己也难说，不过这半年的出产量的确不少，我写一本十万字的长篇，在《小说月报》已发表了十分之八九，其余的一部分，不幸因国难而遭焚——如不然这本书在民国廿一年就可以和人们相见了，现在呢，这本书竟成了焦尾巴狗，不知哪天才能把它续起来。除了这一本长篇外，我又写了许多短篇的东西如《地上的乐园》《玫瑰的刺》《苹果烂了》诸短篇集成一册，名为《玫瑰的刺》，已交中华出版，不久或可与世人相见。

离开杭州我又到上海从事口耕生涯，可是我不敢为了机械的教书生涯忘记我一向所努力的创作生命，所以在百忙中，我是一有工夫就写，在《申江日报》的《海潮》上我写了不少的短篇，还有《女声》上我也做了一些短文，其他如《时代》、《前途》杂志、《现代》杂志上也都有我一二篇创作，这些东西，我将来也想把它收集成册。在暑假中炎暑的天气里，挥着汗写成一部长篇战事小说，这本书本想出版的，不过我还要修改一次，最近我在《时事新报·青光》上发表一个中篇是《女人的心》。

由以上的事实看起来，我的创作生活，都不是很悠闲的，除了在杭州的半年和在日本的一年，我是没有教书，其余的时间我都是一面教书一面写文章，这种的努力，我自信是为兴趣，有时也为名，但为钱的时候，也不能说没有，不过拿文章卖钱究竟是零卖灵魂，有点可怜，所以我宁愿在教书的余暇写文章了。

我创作的生活大概如此，但假使我能活六十岁的话，我未来的生命还有二十六七年呢！这二十六七年中我应当怎样呢！我知道凡认识我的朋友们，都愿意知道，不过这未来的事情，无论谁也算不定的，不过在我却不能没有一个志愿，我愿将我全生命贡献于文艺，我愿我六十岁作自传的时候，我已经有一二本成功的杰作，那么我就在众人赞叹的声中，含笑常逝吧！

思想的转变

在我所述的过去生活中，也许可以看出我思想的大概来。但我觉得这十年中，我思想上有几个显然的转变期，很有关系于我的作品，所以想把它详细说。

从童年到中学时代这一节时间，虽然不短，而我的思想还没有确定的形式，姑置不论，到了大学时代——也就是我从事于创作的时代，因此就从我表现于作品上的思想来说吧。

我第一期作品《海滨故人》一书所取材的方面有关于恋爱的，有关于工厂生活的，也有关于教育方面的，但是其中除了一两篇如《海滨故人》等，是真的由我生活中体验出来的东西，其余多半由于间接听来或者空想出来的。在这本册子里，充满了哀感，然而是一种薄浅的哀感——也可以说是想象的哀感，为了人生不免要死，盛会不免要散，好花不免要残，圆月不免要缺——这些无计奈何的自然现象的缺陷，于是我便以悲哀空虚，估价了人间，同时，又因为我正读叔本华的哲学，对于他的"人世一苦海也"这句话服膺甚深，所以这时候悲哀便成了我思想的骨子，无论什么东西，到了我这灰色的眼睛里，便都要染上悲哀的色调了。在这时候，我的努力是打破人们的迷梦，揭开欢乐的假面具，每一个人的一声叹息，一颗眼泪，是我灵魂上的安慰——但是我自私了，我自己对世界这里认定，我也想拖着别人往这条路上走，我并不想法来解决这悲哀，也不愿意指示人们以新路，我简直是悲哀的叹美者。

这种的思想支配我最久，第二本的小说《灵海潮汐》和第三本小说《曼丽》，都未能出这个范围，不过在实际的生活上，我比从前复杂了，同时我接连遭遇人间最不幸的死别：第一是母亲的死，在儿时我虽然不被母亲所爱，但是以后几年，为了我的努力，母亲渐渐的对我慈和，同时呢，我是个感情重于理智的人，所以对于母亲仍然有着极深的眷恋——而且她的死是太出乎我的意料之外。那时候正是年假，我放学回家，在家里住了七天，接到北平的朋友的快信要我即刻北去，一来参观她们的婚礼，其次呢，另有要事介绍我去担任，必须当面接洽。我当时把信给母亲看过，母亲脸上露着不忍离别的热情，和声说道："差五六天就到新年了，你一去不是不能在家过年了吗？"我听了这话，又看了母亲那慈和的面容，我就想不走吧，但那时候究竟是少年血气方刚，觉得动比静好，此最后还是决定去了。

我走时，是早上八点钟，那时节母亲不曾起来，只坐在床上招呼我吃东西，并嘱咐我路上小心，她含着微笑，望着我走出家门，我心里不期然的发酸，眼泪滴了下来——我从来离家没有掉过眼泪，而这是第一次。

唉，谁知道这一次的别离，是我们母女间的永别，我到北平两个星期，忽然接到家里的电报说是"母病重速归"！这一吓我如失去了魂魄，当夜就动身南下，那晓得到家时，母亲已经死了两天，棺盖已紧紧的盖上了。

这是一个很大的打击，那晓得母亲死后一年多，郭君也一病不起，这仿佛在那尚未结痂的疮痛上，又刺了一刀，这时节我对于人生才真的了解了悲哀，所以在这个时期我的作品上，是渲染着更深的感伤——这是由伤感的哲学为基础，而加上事实的伤感，所组成的更深的伤感。

我被困在这种伤感中，整整几年，我只向灭亡的路上奔，我不想找新出路，后来我又回到北平，认识了几个新朋友，是由石评梅介绍的——评梅那时也正过着悲伤的生活，所以她很体贴我，帮助我。我俩同在一个中学教书，稍有闲暇就一同出去散步谈心，有时两人跑到陶然亭，对着累累荒坟，放声痛哭，有时尽量的吃酒，吃得人事不知，有时呢，绝早起来，跑到中央公园的最高峰上，酣歌狂舞，我们是一对疯子。就在那个时期，我获得浪漫女作家的头衔，好在我道不孤，我因有评梅和我同情，对于这种生活仍能继续下去——哪顾得别人的冷讽热嘲，在这个时期我写了《醉后》等短篇文章。

不久评梅得了脑膜炎的急症，从她病起直到她死，我不曾离开她，后来她搬到协和医院去，我也是天天去看她，在她临终的那一夜正是阴历八月十六，我接到协和医院的电话连忙坐汽车赶到那里，她正在做最后的挣扎，我看她喘气，我看她哽咽，最后我看她咽气，唉，又是一个心伤。从评梅死后，我不但是一个没有家可归的漂泊人儿，同时也是一个无伴的长途旅行者，这时节我被浸在悲哀的海里，我但愿早点死去，我天天喝酒吸烟，我试做着慢性的自杀。

可是天心还不以为足，评梅死后两三月，我又接到我大哥哥去世的消息，他遗下了几个幼小的侄儿侄女，和一个刚刚三十岁的寡嫂，唉！人非木石，这接连不断的割宰，我如何受得了，我病了，在病中我想了许多，我觉得我悲哀的哲学，和悲哀的生活已经到最高潮，这时节我若不能死，我不论对于生活和作品上，都有转变方向的必要——因为我已经走到“山穷水尽”的地步了。

在我病好以后，我结束了我第一个时期的思想。

到了我做《归雁》的时候，我的思想已在转变中，我深深的感到，我不能再服服贴贴的被困于悲哀中，虽然世界是有缺陷，我要把这些缺陷，用人力填起来，纵然这只是等于愚公移山，精卫填海的梦想，但我只要有了这种努力的意念，我的生命上便有了光明，有了力。所以在《归雁》中，我有着热烈的呼喊，有着热烈的追求，只可恨那时节，我脑子里还有一些封建时代的余毒，我不敢高叫打破礼教的藩篱，可是我内心却燃烧着这种的渴望，因为这两念的不调协，我受尽了痛苦，最后我是被旧势力所战胜，“那一只受了伤的归雁，仍然负着更深的悲哀重新去漂泊了”。

我的《归雁》虽是以这样无结果而结果了，而我在这时期，认识了唯建——他是一个勇敢的、彻底的新时代的人物，在他的脑子里没有封建思想的流毒，也没有可顾忌的事情，他有着热烈的纯情，有着热烈的想象，他是一往直前的奔他生命的途程。在我的生命中，我是第一次看见这样锐利的人物，而我呢，满灵魂的阴翳，都为他的灵光，一扫而空，在这个时期，我们出版了《云鸥情书集》——这是一本真实的情书，其中没有一篇，没有一句，甚至没有一个字，是造作出来的。当我们写这些信时，也正是我们真正的剖白自己的时候，在那里可以看出，我已不固执着悲哀了，我要重新建造我的生命；我要换过方向生活，有了这种决心，所以什么礼教，什么社会的讥惮，都从我手里打得粉碎了。我们洒然的离开北平宣告了以真情为基础的结合，翱翔于蓬莱仙境。从此以后，我的笔调也跟着改变，虽然在西湖时我还写了一篇充满哀情的《象牙戒指》——那并不是我的理想，只不过忠实的替我的朋友评梅不幸的生命写照，留个永久的纪念罢了。

在这个大转变之后，我居然跳出悲哀的苦海，我现在写文章很少想到我的自身，换句话说，我的眼光转了方向，我不单以个人的安危为安危，我是注意到我四围的人了。最近我所写的《女人的心》，我大胆的叫出打破藩篱的口号，我大胆的反对旧势力，我更大胆的否认女子片面的贞操。

但这些还不够，我正努力着，我不只为我自己一阶级的人做喉舌，今而后我要更深沉的生活，我要为一切阶级的人鸣不平。我开始建筑我整个的理想。

归纳上面的事实看来，这十余年来，我的思想可分三个时期：

一、悲哀时期——在这时期产生了《海滨故人》《灵海潮汐》《曼丽》。

二、转变时期——在这个时期产生了《归雁》《云鸥情书集》。

三、开拓时期——在这个时期产生了《女人的心》和短篇《情妇日记》等。

以上三个时期：在第一个时期里，已确定了我的人生观；到第二个时期，我的人生观，由极度的悲哀，向另一方向转变；到了第三个时期，就是我已另开拓出一条新路来了，所谓“山穷水尽疑无路，柳暗花明又一村”了。

难道一个人的人生观，根本上也会改变吗？——也许有的人是如此的，不过我却不是这样，我不满意这个现实的人间，我伤感，一起头我就这样，其中所不同的，是从前只觉得伤感，而不想来解决这伤感，所以第二步，我还是不满意人间的一切，我还是伤感，可是同时我也想解决这个伤感，第三步呢，不满意于人间和伤感也更深进一层，但我却有了对付这伤感，和不满意于人间的方法，我现在不愿意多说伤感，并不是我根本不伤感，只因我的伤感已到不可说的地步，这情形正好以辛弃疾的《丑奴儿》辞来形容之了。

“少年不识愁滋味，爱上层楼，爱上层楼，为赋新辞强说愁，而今识尽愁滋味，欲说还休，欲说还休，却道天凉好个秋！”

社会经验

我大学毕业后，被安徽宣城某中学请去当教员，在那里我发现人间许多罪恶。

当我还不曾到这个学校之先，我见了这学校新聘的教务主任，他是北平师大的毕业生，也是一个经历不深的青年，所以他的理想很高，头一件，他想开通地方风气，提倡男女社交公开，职业平等，所以他自从接了那学校教务主任的聘书后，就想请一批新教员去——在这些新教员中又请来两位女教员，我也是被请的一个，对于这件事情，我们大家都有着很好的理想，谁也没有多少社会经验，当我们到了那地方的时候，虽然有几百对亮晶晶照了奇异光波的眼睛，向我们投射，而我们还是不气馁，雷厉风行的把学校的一切改组起来。第一个礼拜，彼此都在看风势的期间，因此得平安无事，到了第二个礼拜，渐渐的不对了，几个有背景的学生，在讲堂上发难了，不是找些冷字僻典来考你，便是问些叫你不能回答的问题，每一次上课，真有点像绑到囚牢里受罪的情形，一点钟比一年还难渡，只要听见下堂铃响了，禁不住要念一声阿弥陀佛。这样苦难的日子整整熬了两个多月，我这时有点后悔不该为了一百二十块钱，零卖了灵魂，但是聘书既已接了，至少该教完这个学期呀，忍耐吧，没有别的方法。对于功课，充分的预备，竟弄得教一点钟书，要预备三个钟头，我这种卖力气，果然有效果，除了三五个是有作用的学生，还是待机而动外，其余的对我已有了相当的信仰。

但是社会的花样却不是这么简单，这一隙攻不进去，他们另找门路，有一天下午，我们正从外面散步回来，走到学校门口时忽见到一群学生，围在一起，窃窃私议，见了我们，脸上更露出一种不可形容的怪相，可怜我们这些惊弓之鸟，早又砰砰心跳起来，知道大难就在眼前了。

到晚上，我们才探听出结果来，原来是当我们未来前，此地有几个老教员——多半是本地的土棍，被新校长辞退，尤以那位国文教员，资格老，而我就不幸是抢了他的饭碗，所以他想在背地里摆布我，最初是利用学生，看看没有什么效果，于是不能不有更毒的第二步计划了，这又是什么方法呢？就是找一个不三不四的女人，故意跑到学校里，站在学生群里说："我是某某人的第三姨太太差来，请这里的两位女先生去叉麻将。"学生们听了这话，又看了这不尴尬的女人，都不禁哄然大吵起来，以为学校庄严之地，岂可有这种交游不择的女教员。因此他们就想拿这件事情，作为风潮的引火线，可是天知道，我们在这个地方就没有认识一个人，更何从晓得某某的姨太太呢。当时我就知道这其中必另有黑幕，越想越怕，照我的意思恨不得立刻离开这里，但其余的朋友同事们，都觉得我们不应示弱于人，他们的手段越卑微，我们越应奋斗——好吧，我只得硬着头皮奋斗，可是自从这天事变之后，我的日子更难过——那时节我仅仅是个二十二岁的女孩儿，还不曾结婚，如果他们栽陷一些不名誉的事实，我可受不住，每天如履薄冰般，战战兢兢的度过。好容易盼到年假来了，我顾不得征求同事们和教务长的同意，我决然毅然的离开这个学校，这一生再不愿重践此地。当我上了回上海的轮船时，我不禁向苍天呼了一口长气，我哪里是去教书，我是去受了半年的宰割之罪，回到家里，我觉得我的心境竟老了十年。

从安徽回来以后，我便立志永不到外县去当教员，年假期满，我到北平师大附中去教国文——在这个学校里，我过得很平静，学生纯洁，同事们也都是有志于教育的高尚人物，大家本本分分各尽其职，没有暗潮没有猜忌。

后来我因为种种原因，不能住在北平，所以便辞了职到上海来，在这里我们仍然教书，同时我又做了某大学女生指导员——指导员就是变形的学监，也是变形的高等娘姨、管家婆，那些学生小姐何尝把我放在眼里，房子里常常发现花生皮栗子壳，碰到这种事情，我只好装瞎，如果要不知趣，要训他们几句，那些学生小姐立刻让你脸嘴看，至于她们提着男朋友出入于宿舍，你也不能多管，管了立刻便有麻烦，所以结果我做了半年的指导员，并不曾指导过人，我却被她们指导了，我懂得什么叫敷衍，更明白尸位素餐才是正真的聪明人。

不过我究竟是世故太浅，虽是学到了敷衍和拿钱不做事的本领，可是还不能安之若素，所以满了一学期，我又辞掉了，觉得还是回北平吧——那个地方是我第二故乡，风俗人情我都还能习惯，还北平后我到一个教育会里做了一年的编辑，在许多间的房子里，含充满了各式各种面孔的编辑员，每人手里拿着笔杆绞他们的脑计，在那些人的脸上，我发现了人生的劳苦。

编辑当腻了，我又想换一个饭碗吧，正好这时候有一个朋友找我去当校长——我从来没有做过学校行政方面的事情，借此机会换换新也不坏，所以毫不思虑的便答应了，那里晓得刚接到委任状，就得预备碰壁。从某方面传来一个消息，旧任不想好好的交代，要鼓动学生出来挡新校长的驾，同时有人来报说是旧任手里还有一笔账，要转过来，叫我小心别上当，哎呀！这又是些新奇事；在我浅薄的经验中，不但没见过，就连听也不曾听过，心想算了吧，当什么校长？还是回教育会去当编辑吧，但是我又怎么发付那些新聘的教务长呀，总务长呀，训育主任呀！而且他们老早就来包围我，不容我退却；事到如今，只得向前干去，到了那学校好容易见了旧校长，被他冷疯热嘲的排喧一顿，最后说明，须一个星期后才能来接收。

我呢不知怎么对付——其实一个星期的期限并不算多，不过开学之期太急促，同时还要招考新生，而且教育局长又千叮万嘱，叫我一定按期开学，这一切纠纷，真弄得我心烦神乱，又再三同旧校长接洽请他快点交出来，结果呢？先交了一部分，勉勉强按时开学了。

开学的那一天，二百多学生齐集在大礼堂，每个人的脸上是那样涩濯猜忌，我知道我又碰见对头了。在新校长训话中，我发表了几句对学校建设及改革的竟见，而那台下面的面孔竟浮着一些不相信的讪笑，唉，这些笑比剑还凶，直戳得我心头发疼脸上发烧，可是也还不能不挣扎下去。

上课了，许多待机而发的暗潮如鬼影般，在空中浮动着。只要在他们下课后，便可以看见三个一群，五个一伙的，不知在商议些什么。

忽然饭厅里吵起来了，菜里有苍蝇，要总务主任开除厨子。忽然寝室里又沸腾起来了，某某学生失了东西，要训育主任察问。忽然教室里大乱起来了，算术先生讲不清题解，国文先生念了别字，用错典故，请校长和教务主任另请高明的先生。

唉，一处未了，一处又来，我真不知费了多少力气，才勉强把这些问题对付了。

对于学生方面是如此，同事方面呢，也一样有着暗潮，一部分旧教员都虎视眈眈的，专想找机会看笑话，而我所聘的新职员呢，又都不是我的夹带人物——因为我根本就没有夹带人物，都是临时找来的，当然能否称职，或忠实不，我都没有把握。而偏偏运气不好，教务主任是一个脑筋不清楚的人，排功课表，排了两个星期，还是有许多冲突的地方，有的时候把国文，都排在上午，或算术都排在一天，这真是笑话，一点不懂调剂学生的兴趣。无可奈何，我又从新找了一个朋友来帮他排好。至于那位总务主任呢，也是常常使我麻烦，常不是米太坏不能吃，便是煤太坏烧不着，我屡次叫他买好米好煤，他把发票给我看，那上面的价钱的确不小，是好货色的价钱，为什么货物是这样的糟呢？因此我便设法派人去打听，哪里晓得，又给我学了个乖，原来铺子里所开的发票，是有虚头的，你买十块钱东西，他可以给你开十五块钱的发票，有了发票，便是揩油的保障，同时我又知道他们还不仅发票上作弊，还可以刻橡皮图章，假造收据——这些事情我从前连梦都不曾梦过，现在轮到我要亲自对付了，怎能不弄得手忙脚乱，同时我又是个神经脆弱的人，这些在别人看来非常稀松的事情，而我偏偏认为是严重得要命的问题，因此便更加厌恶现实的人间，我悲观，我厌世，我打算辞职。

正在这时候革命军到了北平，所有政界上的人，都躲到关外去，我的校长位置，当然也是跟着动摇了，我本来就不愿当干下去，所以这次的摇动，我只有高兴的，不过我一时又不能卸责必须等到委下新任来时，我才好走，所以在青黄不接的时候，我仍然维持着校务。哪里晓得，那些逐鹿的人，看我还不下台，便写了许多匿名信，到市党部，告我是某某党，是反动派，要逮捕我去审问，我一个朋友在市党部做事，得了这个消息，连忙叫我暂且逃避，可怜我那时身上只有五块钱，怎么能逃，我又想我并没有作什么反动的事情，怕什么，还是不逃吧，后来那位朋友极热心的劝我逃。他说“好汉不吃眼前亏”，同时他又借给我两元钱，我却不过他的好意，便想逃到天津去住几天吧，后来到了家里和表兄们商议，他们叫我不必到天津去，只躲到我表兄的医院去住几天，风头过了，就不要紧的。我果然照他的话做了，充了几天病人，新校长委下来了，谁也不再注意我了。这时我才明白一句古语是“匹夫无罪，怀璧其罪”，哈哈，我又演了人生的一幕剧。

此外我也当过几天大学校里的讲师和教授，这简直都有点滑稽。

我当讲师，教的是新文学，上了课堂，只能讲一些古今中外的文人的风流逸事，这是他们和她们所最高兴听的，至于讲到什么学理，那么你千万不要向他们看，如果看了，你只是自讨苦吃——有的看小说，有的看情书，有的打开粉盒擦脂粉，有的写情书，还有的在吃糖——你在上面叫干了喉咙，只有空气被你震荡了一下，别的再没有反应，于是我知道被人赶掉的讲师和教授，却是太不懂现代人心的笨伯。

说也奇怪，像这样一个学无专长的人，居然也当了几天大学生欢迎的教授，不过现在回想起来，我心头只充满了惭愧和悲哀，中国今天无论什么都已经濒于破产了！

当然，我的社会经验太浅薄，太窄狭，除了知识界，我不曾有过更多的生活方面，我又岂能以一隅之见，而推定全部的社会现象呢？不过这已经很够了，最高尚最神圣的知识界，还不过尔尔，其他官场中，商场中，我又何忍设想。

不过，我究竟还只是三十零岁的人，我还要生活下去，我还须受训练，我只盼望社会现象能一天一天好起来——或者就是我的神经一天一天麻木下去，不然我怕我将受不住那些更伤人的刺激呢。

其　他

1　从来不追悔

我是一个心里藏不下一丝毫渣滓的人，在我的生活过程上，虽然留上不少的伤痕，也曾经上过许多当，可是我对于这些伤痕与上当的往事，只如一阵暴风雨，只要事情一过，便仍然是清朗不染纤尘了。所以我无论做错了什么事，或者上了什么当，只要是过去了，我从来没有把时间拉回来的野心，我再不做无谓的追悔。因此便形成了我两种绝对相反的人格，就是：在文章里，我是一个易感多愁脆弱的人——因为一切的伤痕，利上当的事实，我只有在写文章的时候，才想得起来，而也是我写文章唯一的对象，但在实际生活上，我都是一个爽朗旷达的人。

许多看过我的文章，而不曾见过我的人，在他们的想象中，多半以为我是精神不振、愁眉苦脸的一个女性，假使有一天他们在某个场所遇见了我，看见我那无忧的狂笑，和尚带孩气的行动，一定要暗地惊奇说："原来她是这样一个人，怎么一点不像她的文章呢！"

这种情形，就是我自己，有时也有点惊奇，不知道究竟哪一面是真实的我了。

可是我可以忠实的告诉你们，我并不是像从前人们所说"有心人"的那种故意把伤心事藏起，装出假快活的样子。在我写文章的时候，也不是故意的无病呻吟，说也奇怪，只要我什么时候想写文章，什么时候我的心便被阴翳渐渐的遮满，深深的沉到悲伤的境地去，只要文章一写完我放下笔，我的灵魂便立刻转变了色彩，我无挂碍的生活，我发出真心的笑来。

2　我的宗教

在童年的时候，我皈依了耶稣，等到我离开那所教会学校后，我本来不彻底的信仰，便渐渐的趋于破产。当然以耶稣那种伟大的人格，博爱的精神，很够得上人们的崇拜，我就以他为人生的模范，并不算坏，不过我最讨厌那些借耶稣名义混饭吃的教徒，他们一面高声叫着耶稣的十戒，而一面却做着种种不道德的勾当，同时他们把一切人力可以胜天的事实抹杀了，自己不努力，偏说是神的意旨，要不然就把《圣经》中的话，当作金科玉律。其实一部《圣经》，不过是文学家的一种想象，用来发挥耶稣的伟大精神的，何尝是史实的记载，那一班刻舟求剑的教徒，每每断章取义的大说其教，结果只使我生出对于宗教极厌恨的反感。

但无论什么人，都有他自己的信仰，没有信仰可以说就没有人生的趣味，所以我虽然不信任何形式的宗教，可是我还是有我的宗教，我的宗教是什么呢，求其心之所安而已。我无论处世接物，都以我这一点的宗教为出发点为归宿地，我平生不做欺骗人的事情，不愿处人以难堪的地步，不愿损人利己，不愿无功受禄，不愿以手段对付人。我为什么要这样做，我不是求死后上天堂，而是在我活的时候，不受“良心”的责备，不怀鬼胎，到处坦然，这就是我的至乐境，我不相信死后的因果，我却相信生时的因果。虽然世界上充满了魑魅魍魉，我这种人的态度，有时要碰壁，不过无论事实上怎样吃亏，我“良心”上不受煎熬，我还是坦然的快乐的。

我平日既存心如此，有时在梦境里，我被鬼魔所威吓的时候，我想到我平生没有什么对不起人的地方，我的心立刻坦然了。

这种宗教，对于我极有帮助，在我困厄的生命历程上，到现在还能保持我的天真，混然不觉得人们的诡计，完全都靠了这一念“求心之所安”而已。

3　我的嗜好

我是个畸形发展的人物，也是一个富于男性色调的人物，我从小就不喜欢一切女孩子所喜欢的东西，我也更讨厌机械性的东西与生活，我怕开形式庄严的会议，我怕背死板的书，我怕整齐的数目字，我怕在一定的格子里写楷书，由这几点看起来，就不难知道什么是我的嗜好了。

我爱不着迹的自然界的种种，我爱有神韵的男人和女人，我爱有个性的写意画，我爱穿在身上舒服的衣服，我更爱看来无踪去无迹的浮云，我喜欢到无人的地方，睡在草地上看小说，我爱买一些佳肴美味，约几个知心的朋友，吃酒，吃醉了我爱睡在床上做醉梦。

我是一个喜欢冥想的人，我最怕到人多的地方去挤，也可以说我受不起外界的刺激，所以大戏场、跳舞场、咖啡店里，从来没有我的足迹，我更怕到大公司去买东西，伙计们势利的脸，买东西的攘攘人群，都是使我头痛的事情。

我喜欢在乡村的地方，和好朋友或爱人闲步闲谈，除了这些嗜好之外我还喜欢打小麻雀，我对于麻雀最感兴趣是摸牌，我每次拿到牌的时候，我不愿就看，我要先摸——而我摸的本事也很不坏，十张牌总有八九张是摸得出来的，除了摸牌的兴趣外，我还可以利用这个机会观察人生——一个人平日多半是戴着假面具，唯有在利害关头的时候，那些假面具往往失掉效用，尤其在赌博的场所，可以由他们的发牌，和给钱的神气里，看出他们的心术和胸襟，所以我觉得赌场就是站在那个时候个个人都要原形毕露，真所谓观赏不尽的人生呢。

4 我创作时的习惯

我写文章最怕誊清，所以无论写长短篇，我从来不起稿，做短篇呢，先把结构想好，提起笔来，便一直写到底；做长篇，也是把结构想好，此外再做一个大纲，比如我要写十章，我就把十章题目写好，然后一章一章的写下去，写完了全部，再看一遍，改削一些错字，就算全功告成。

还有一层，我自从创作以来，差不多都在学校里担任功课，所以我的文章，多半是在授课之匆忙中，抽暇写出来，因此养成了一个忙里写得出文章的习惯，往往在学校里，学生在教室里作文，我便坐在讲台上写稿子，这成绩并不坏，每两点钟，我平均能写二千三四百字左右。

而且还有一件特别的习惯，我很能支配我的头脑，我教书的时候我便全心都在教授上，放下教本，我脑子里完全再不留教书时的余影，我坐下写我的作品，我又全心都在我的作品上了。

当然这完全是因平日的训练，现在已成了习惯，不但教书不妨碍做文章，而且不教书，专门做文章，反到不起劲。

至于我做文章的时候，最好是桌上放一壶好茶，一包香烟，我一面吃着烟和茶，一面就写。同时我的性情非常干脆，我做什么事，最怕拖泥带水，只要时间应许我，竟可以一坐下来，延续到五六个钟头，我不感疲倦，一定要把这东西写个段落，才肯休息。我记得在一个星期日里，因为要写完一篇短篇，从早晨八点，写到晚上十二点，除了吃饭后休息半小时，仍旧继续写，整整写了一万字，把这篇文章结束了，我才放笔，第二天睡个整天，所以我的文章，只有不深刻粗枝大叶的毛病，而没有不接气。

5　我对于教育的意见

我虽然不是个教育专家，可是我是师范学校和师范大学的毕业生，我学过教育原理，教授法教育行政法这一类的科目，同时我从小学到大学都教过，我也做过小学校长、中学校长、指导员，当然对于教育上也有我的意见和主张了。

我觉得世界上，最平凡的是教育学，而最假冒伪善的也是教育家，明明自己是个爱吸烟吃酒的人，而为了不许学生吸烟吃酒，于是板起面孔来，“你们不可吸烟，不可吃酒”，而他出了讲堂便可大吸其烟大吃其酒，这种言不由衷的勾当，最是教育家的拿手。本来世界上，有许多东西，都正像一只纸老虎，不戳破的时候，原也可以唬吓人，但一旦戳穿，便一文不值了，教育家的俨然道貌，望之颇似人师，就之亦见其可畏，但细细而察之，那就糟了。所以我生平最恨这种矫揉造作的教育家，乃不幸我亦为人师，似乎也应当买一副假面具戴起来，可是我是“沐猴而冠”的野性人，即使俨然也仅仅俨然得一时半刻，便露出原形来了。所以我到无论哪一个学校，初次所给学生的印象，都是非常庄严，正所谓“像煞有介事”，但过了两个礼拜后，我的面孔就板不起来了，这种情形常被学生欢迎，而大大的取厌于办事人，他们觉得我太不够教育家的资格了。

一般的教育当局，对于我的批评是做一个会教书的教员还过得去，我想我管理学生，那就大糟而特糟，我听了这种评论，只是报之以一笑，我从不愿把我的教育意见和主张，对他们说，因为就是说了，他们也未必了解我。

我的教育意见和主张，究竟是什么神秘的东西呢，就是不教育的教育，我从来不愿对学生说，你们不准怎么样，也不愿对学生说你们必要怎么样，我只是忠忠实实的把我对于人生的态度告诉他们，让他们自由选择，以我为是也好，说我不是也好，我总也要他们也忠忠实实把他们对于人生的态度告诉我。有时他们的见解错误了，我只指出他们的错误之所在，让他们自己去找不错的方向走，有时我也坦白的说出我自己的劣点之所在，并把这些劣点所发生不良的效果，告诉他们，又告诉他们，我这些劣点是如何养成的，使他们自己不由得不怕，不由得不极力的避免。我从来不愿学生，只知其然而不知其所以然，我以对家人朋友的态度对待学生，所以在形式上，我绝对没有人师的庄严——虽然这是教育当局大不以为然的，我也顾不得了。

其次对于教书的态度，我知道的便忠实的告诉他们，如果遇到难解决的问题，我便告诉他们，我对于这些问题也没有研究，如果他们之中，有比我的见解高明的，我也能虚心领教，如果他们也解释不出，我可以帮他们找能解释的人，来替他们解释，我本了这种的态度教书——也许有人替我担忧，会失掉学生的信仰，而其结果，却大谬不然，他们对我只有更亲切，更信仰，因为孩子们的心，到底是喜欢坦白，和真实的。

我最反对学校当局，以威吓的——如记过扣分这种手段来压迫学生，因为我知道，这种压迫，对于学生不但没有效果，而且容易发生反感，最后养成他们阳奉阴违的诈伪习惯。说到这里我不免想起我在中学时的一件故事来，当我在中学读书的时候，校规非常严厉，不准我们不穿制服，不许穿高跟皮鞋，也不准涂脂抹粉，在学校里无法反对，但一到星期六回到家里，第一件事情，就是脱下那身看了都生气的制服，穿上别的衣服，换了高跟鞋，满脸涂上粉，极热烈的打扮起来——这并没有其他的目的就是因为学校压迫太很了，不如此不舒服。试问这种教育有什么用处。

至于读书呢，我觉得在中学校时读书，就像是受罪，从来没有感到书的趣味，天天坐在讲堂上，听先生讲书，就好像是吃苦药，只盼日子快点过去，早点被赦免，到了毕业的时候，拿到文凭，就什么事都完了——所有的书一齐还给先生。

这种现象难道不是教育的失败吗？要养成一个大学者、著作家或其他方面有成就的人，舍了兴趣能成功吗？做一个教员不能引起学生对于读书的兴趣，一天到晚，像开刻板的留声机器般，这只是戕贼学生个性的罪人，称得起什么教育家，如果没有这般混饭吃的教育家至少学生还不至埋没了个性吧。

当然这以上的见解，也许不见得高明，也许还是教育界的叛徒，不过谁也不能否认这是我的意见，我的主张吧！同时我也深深的觉得不配为人之师，有时我为了自己站在讲堂上说东道西的骗人，我竟忍不住要脸红，更深人静的时候我甚至会流下忏悔的眼泪来。唉，可惜了，一群天真纯洁的孩子，就在这种不自然的矫揉造作的教育家的手腕下，被宰割；我不能忍受良心的罪责，我只有坦白的把我自己在孩子们面前解剖，我只愿他们看见我的劣点，而改善他们，而不敢自命为人师。所以我的教育主张，只是人格化的教育，放任式的教育而已。

6　我对于恋爱的主张

在我过去的作品上，有人称我为描写男女恋爱的专家——

这种头衔我虽受之有愧，然而也不想推辞。本来世界上最大的问题，也不过男女的恋爱而已，希腊大诗人荷马所歌咏的长诗《依利德》，也是以恋爱为背景，拿破仑一世英雄，他不能免掉恋爱，楚霸王纵横于千军万马中忘不了虞姬，他周瑜孙权，在他们那慷慨激昂的事业史上，也点缀着大乔小乔的艳迹，至于辞人墨客，更是舍了男女恋爱无文章，如果上帝不改造人类，使世上只有男人，或只有女人，这恋爱问题是无法避免的，因此我多描写点男女恋爱，也是事势所使然，何足为怪呢？

但我既是个描写男女恋爱的专家，当然我总有我的恋爱丰张了。

有许多高之又高的人，主张恋爱是神圣的，无条件的，他们这个出发点是千对万对，不过还有唱高调的嫌疑，我自然不会主张恋爱要以金钱地位年貌为条件，可是也不相信是绝对无条件的。

如果恋爱是绝对无条件的，那么芸芸众生之中，为什么某人定要爱上某人，就算是直觉的吧，但你既觉得她或他的可爱，那被你爱上的那几点，便是条件了。比如说你觉得某某态度好、性情纯真、见解深湛，所以你爱上他或她，那么态度好、性情纯真、见解深湛，便是你恋爱的条件了，那么你怎能说恋爱无条件呢？至于一般浅薄的人所说的条件即是表面的认识，而不是刻骨的了解，所以一旦结了婚，这些表面的东西有所变动时那么感情也同时破裂了，这种条件是要不得的，而由你直觉所鉴定的条件，你却不能否认呢，所以我的主张恋爱是有条件的——精神上的条件。

这些精神上的条件，以哪一种为最要呢？第一步当然是要彼此有深切的了解，仅仅了解还不够，这相爱的一对人儿当中，还须彼此发现各人的特别优点，互相崇拜这优点，我认为这一事比什么都要紧，如果单靠情爱，而不辅之以相敬，那么如水波浪的爱情，一旦浪退波平时，将以何物来维持？还有一层，夫妇之间如能相敬——即能彼此尊重其人格，这便是两个健全的细胞的结合，势力是平衡的绝不至发生你欺我厌的事情来，家庭之间自然不会发生什么龃龉的。

其次要性情合得来，事实上世界上的人，就没有两个人的性情绝对相同的，即所谓“人心不同如其面”，不过无论如何不同，其中总要有一两点相同，其余那不同之点，也要能相反相成，调协得来才行，不然终日相处，随时争论，这感情也维持不久。

再其次呢，应当有为了爱而牺牲个人利益的精神，这种牺牲是绝对优美的，伟大的如果两个真相爱的人，其中若没有这种精神，那爱便不真诚了。

这以上是我恋爱的条件，也便是我恋爱的主张了。

呓语

梅：

别不几时，彼此都有“往事难重省”之慨，然而何必深说！抑何忍深说！正所谓“伤心岂独息夫人”，想到家后，心境必差强人意，有父母在好好的撒娇吧！尽情的享受天伦之乐吧！我是无父母的孤零人了，我的母亲所留给我的，只是些暴烈的伤痕，再想她老人家，用轻皱而微颤的手，摸摸我的头，替我整理行装，嘱咐我早些归来——哎！这些只是“他生未卜此生休”，那三四尺的桐棺，固然尚未入土，然而只此区区之隔，已是人天路遥了。叫我和谁诉苦去？唉！我纵相信母亲的爱，比什么都纯挚，都圣洁，然而何益！午夜人静，独坐思量，也许母亲尚在旁边陪我垂泪，只恨我肉眼凡胎，难接吾母之灵，这空落落的心，终是凄苦的呵！

你前信叫我为《妇女周刊》做些稿子，我自是愿意，无如我近来心境颓唐慵懒已极，当年那些栉风沐雨，挺然不拔的豪兴，都与日月俱逝，但道不关于我的处境，我的处境，在平常人看来或者还要羡慕我呢，只恨我自己生性难改，悲凉心情，今昔犹是！

近两日天气比较凉快，我又不喜早睡，所以倒可做些东西，不过一无统系，只是些狂人呓语，聊寄上补补白吧？

一　我的朋友

我原来不寂寞，斗室方庐虽小，连树儿也没一棵，但隔邻却有一个小花园，住着杨树的秦吉了，叫过了“伏天！伏天”，便是蝈蝈唱“咯咯！咯咯”，再歇一歇又是夏蝉儿拉着长声“唧唧！唧唧”，一递一声的已经够热闹了，更加上蟋蟀儿的“咄咄！咄咄”，真是声多弦繁呵！作了小宝宝的催眠歌，安慰了我不少的别情离绪。唉！我的朋友——青青的蝈蝈、小蝉儿、秦吉了，更有那蟋蟀儿，你们煞是多情哟！但是谁送你们来的？蓝天上的白云吗？深山里的流泉吧！唉！真真的不可思议；你们岂是来无踪，去无迹？还是来自有方去自有地？……我原是被天地宰割的一俘虏，对于你们的多情，无力报复，只等金风一起，你们藏的藏，避的避，我有什么法子留你们多住些时，更有什么机会和你们缱缱说情愫呵！天地本来无情，你们的多情只是自误，怨准呢！

二　北海里的黄昏

这真值得深忆——最耀眼是那荷露的凝珠，映着斜阳闪烁，三两朵挺立碧水上的红莲迎风含笑，更有那蔚蓝的云天，衬着艳丽的彩霞，极目云深处轻烟缭绕，是碧落？是人间？何暇分辨，我只怔坐荷塘边，看游鱼啄唼，听草虫细语，转眼忽见一株老松旁，倚着一根钓竿；我兴奋的拿了过来，和舟子讨了几个小虫，正是安派香饵钓游鱼，但是我放钓钩很久，而不曾有一个鱼儿上钩，唉……鱼儿虽蠢，然而比我却聪明得多呢！

风过处银浪翻雪，浪过处霞光万道，此时真是斜曛如醉。坐在北海滨斜曛下的我，真如饮醇醪，何暇更一深念，这刹那的海市蜃楼，转眼便风凄露冷，寒蛩声声，催我归去。此时纵感悟今昔，然而何益！深刻伤痕已铭心镂骨了呵！

三　雨云一瞥

烈日当空，烦躁得紧，不住掠扇，抵不住挥汗，头涨脑肥，但觉心头如炙，解暑汤喝一碗吧，但只过了我口头的渴，扑不灭我心头的火。虽经我默默的祷祝帘幕间，微觉有些凉意，仰视天容，果然有一片——仅仅的一片可以致雨的夏天，唉！多情的碧翁翁！原来还有些不忍人之心，其余的，我对他将如何感激，我怔怔注视这一片雨云，忽而淡，忽而深，有些雨意了，我枯槁的心，有些见苏息之望了，这时未透彻混元大地真相的我，虚拟仙葩开满心田，幻想美果满缀繁枝，微微的含笑，含笑注视天空；谁期一霎的凉意，而今已如堕欢，何处寻觅？雨云恹恹而病，更奄奄以殁，搜罗四空，不见踪迹：只有那毒狠的烈日，骄视大地，唉！雨云呵！你的昙花一现，只使我魔高千丈，何苦呢！

四　相思中的海滨精庐

我原不配自称高人，然而也够不上做俗子，只是一个半悬空的秋千架，有时因风力之便，虽不能与鸿鹄相争逐，然而黄昏的蝙蝠儿，我倒可以和它比比高低呢。我没有唐明皇邀游月宫的狂志，却有屈老先生行吟海滨之愿望，在我希冀中，只望于海滨辽阔之地，得一傍崖绕溪之区，建两三间茅庐，极自然之趣，朝看海雾幻形，暮听江涛低唱，我之所望已足，然而只此区区之望，而今仍在相思中，无计奈何！只得念念刘克庄的《摸鱼儿》：“叹采药名山读书精舍，此计何时就！”正所谓借他人酒杯，浇自己块垒，但愿海滨精庐，化成无形幻梦，使我夜夜随之而游吧！

五　浮家海上的哥哥

自母亲去后，我们兄弟姐妹各走一方，所谓树倒猢狲散，但是这原是聚散无常的大道理，古往今来，谁能独避？最难堪的我那个浮家海上的哥哥，他十年前曾做过覆舟下的逃生者，每提起海上生涯，不免皱眉蹇额，但而今为一百余元的薪米之费，充当海舰上的医生，今日汕头听潮声，明朝又到厦门看浪花，我嫂嫂不能同去，不用说她牵肠挂肚，我哥哥也何尝不望烟云而凄迷呢！便是我要想寄封信给他，也因漂浮无定址，虽有征鸿，而吩咐无从！唉！母亲呵！我有时望你阴灵不远，冥冥之中护佑我们兄弟姐妹们；有时我又怕你真个有灵，看了这一家离散的情景能不心伤吗？唉！今夜月色十分皎洁，我仿佛看见一片汪洋的大海，上接碧落，下抵黄泉，这正是不上不下的人间，那其间有对月垂泪的我的哥哥和我的嫂嫂，但是何只他和她的一双泪眼模糊，唉！人生光阴有限，如此的苦挨者，究竟生也何趣，死又何悲呢！

寄天涯一孤鸿

亲爱的朋友，这是什么消息，正是你从云山叠翠的天末带来的！我绝不能顷刻忘记，也绝不能刹那不为此消息思维。我想到你所说的“从今后我真成了天涯一孤鸿了”，这一句日夜在我心魂中回旋荡漾。我不时地想，倘若一只孤鸿，停驻在天水交接的云中，四顾苍茫，无枝可栖，其凄凉当如何？你现在即是变成天涯一孤鸿，我怎堪为你虚拟其凄凉之境，我也不愿你真个是那样的冷漠凄凉。但你带来的一纸消息，又明明是：“……一切的世界都变了，我处身其中，正是活骸转动于冷酷的幽谷里，但是我总想着一年之中，你要听到我归真的信息……”唉，朋友！久已心灰意懒的海滨故人，不免为此而怦怦心动，正是积思成痗了。我昨夜因赴友人之召，回来已经十时后；我归途中穿过一带茂密的树林，从林隙中闪烁着淡而无力的上弦月，我不免又想起你了。同来后，我懒懒坐在灯光下，桌上放着一部宋人词抄，我随手翻了几页，本想于此中找些安慰，或能把想你的念头忘却；但是不幸，我一翻便翻出你给我的一封信来，我想搁起它，然而不能，我始终又从头把它读了。这信是你前一个月寄给我的，大约你已忘了这其中的话。我本不想重复提这些颓丧的话，以惹你的伤心，但是其中有一个使命，是你叫我为人做一篇记述的。

原文是："……我友，汝尚念及可怜陷入此种心情的朋友吗？你有兴，我愿你用诚恳的笔墨为伤心的人一吐积悃……"朋友！这个使命如何的重大？你所希望我的其实也是我所愿意做的。但是朋友，你将叫我怎样写法？唉！我终是踯躅，我曾三番五次，握管沉思，竟至镇日无语，而只字不曾落纸。我与你交虽莫逆，但是你的心究竟不是我的心，你的悲伤我虽然知道，但是我所知道的，我不敢臆断你伤感的程度，是否正应我所直觉到的一样。我每次做稿，描写某人的悲哀或烦恼，我只是欺人自欺，说某人怎样的痛哭，无论说得怎样像，但是被我描写的某人，是否和我所想象的伤心程度一样，谁又敢断定呢？然而那些人只是我借他们来为我象征之用，是否写得恰合其当，都无伤于事；而你是我最好的朋友，我对于你的嘱托，怎好不忠于其事。因此我再三踌躇，不能轻易落笔，便到如今我也不敢为你做记述。我只能把我所料想你的心情，和你平日的举动，使我直觉到你的特性，随便写些寄给你。你看了之后，你若因之而浮白称快，我的大功便成了五分。你若读了之后，竟为之流泪，而至于痛哭，我的大功便成了九分九。这种办法，谅你也赞成？

我记得我认识你的时候，正是我将要离开学校的头一年春天。你与我同学虽不止一年，可是我对于新来的同学，本来多半只知其名，不识其面，有的识其面又不知其名，我对于你也是如此。我虽然知道新同学中有一个你，而我并不知道，我所看见很活泼的你，便是常在报纸上作缠绵悱恻的诗的你，直到那一年春天，我和同级的莹如在中央公园里，柏树荫下闲淡，恰巧你和你的朋友从荷池旁来，我们只以彼此面熟的缘故，点头招呼。我们也不曾留你坐下谈谈，你也不曾和我说什么，不过那时我觉得你很好，便想认识你，我便问莹如你叫什么名字。她告诉我之后，才狂喜的叫起来道：“原来就是她呵，不像！不像！”莹如对于我无头无脑的话，很觉得诧异，她说：“什么不像不像呵？”我被她一问，自己也不觉笑起来，我说：“你不知道我的心里的想头，怪不得你不懂我的意思了。你常看见报上PM的诗吗？你就那个诗的本身研究，你应当觉到那诗的作者心情的沉郁了，但是对她的外表看起来，不是很活泼的吗？我所以说不像就是这个原故了。”莹如听了我的解释，也禁不住点头道：“果然有点不像，我想她至少也是怪人了！”朋友！自从那日起，我算认识你了，并且心中常有你的影像。每当无事的时候，便想把你的人格分析分析，终以我们不同级，聚会的时间很少，隔靴搔痒式的分析，总觉无结果，我的心情也渐渐懒了。

过了二年，我在某中学校教书。那中学是个男校，教职员全是男人。我第一天到学校里，觉得很不自然，坐在预备室里很觉得无聊，正在神思飞越的时候，忽听预备室的门呀的一响，我抬头一看，正是你拿着一把藕合色的绸伞进来了。我这时异常兴奋，连忙握着你的手道：“你也来了，好极！好极！你是不是担任女生体操？”你也顾不得回答我的话，只管嘻嘻的笑——这情景谅你尚能仿佛？亲爱的朋友！我这时心里的欢乐，真是难以形容，不但此后有了合作的伴侣，免得孤孤单单一个人坐在女教员预备室里，而且与你朝夕相处，得以分析你的特性，酬了我的心愿。

想你还记得那女教员预备室的样子，那屋子是正方形的，四壁新裱的白粉连纸，映着阳光，都十分明亮。不过屋里的陈设，异常简陋，除了一张白木的桌子，和两三张白木椅子外，还有一个书架，以外便什么都没有了。当时我们看了这干燥的预备室，都感到一种怅惘情绪。过了几天，我们便替这个预备室起了一个名字，叫作白屋。每逢下课后，我们便在白屋里雄谈阔论起来。不过无论怎样，彼此总是常常感到苦闷，所以后来我们竟弄得默然无言。我喜欢诗词，你也爱读诗词，便每人各手一卷，在课后流览以消此无谓的时间。我那时因为这预备室里很干燥，一下了课便想回到家里去，但是当我享到家庭融洽乐趣的时候，免不得想到栖身学校寄宿舍中，举目无与言笑的你，因决意去访你，看你如何消遣。我因雇车到你所住的地方，只见两扇欲倒未倒的剥漆黑灰不分明的大柴门，墙头的瓦七零八落的叠着，门楼上满长着狗尾巴草，迎风摇摆，似乎代表主人招待我。下车后，我微用力将柴门推了一下，便呀的开了。一个老看门人恰巧从里面出来，我便问他你住的屋子，他说："这外院全是男教员的住舍，往东去另有一小门，又是一个院子，便是女教员住的地方了。"我因按他话往东去，进了小门便看见一院落，院之中间有一座破亭子，亭子的四围放着些破木头的假枪戟，上头还有红色的缨子。过了破亭有一株合抱的大槐树，在枝叶交覆的荫影下，有三间小小的瓦房，靠左边一间，窗上挂着淡绿色的纱幔，益衬得四境沉寂。我走到窗下，低声叫你时，心潮突起，我想着这种冷静的所在，何异校中白屋。以你青年活泼的少女，镇日住在这种的环境里，何异老僧踞石崖而参禅，长此以往，宁不销铄了生趣。我一走进屋子里，看见你突然问道："你原来住在破庙里！"你微笑着答道："不错！我是住在破庙里，你觉得怎样？"我被你这一问，竟不知所答，只是怔怔的四面观望，只见在小小的门斗上有一张妃红色纸，写着"梅窠"两字。这时候我仿佛有所发现，我知道素日对你所想象的，至少错了一半，从此我对你的性格分析，更觉兴味浓厚了。

光阴过得很快，不觉开学两个多月了，天气已经秋凉。在那晓露未干的公园草地上，我们静静地卧着。你对我说："我愿就这样过一世，我的灵魂便可常常与浩然之气，结伴遨游。"我听了你的话，勾起我好做玄思的心，便觉得身飘飘凌云而直上，顷刻间来到四无人迹的仙岛里，枕藉芳草以为茵缛，餐美果，饮花露，绝不染丝毫烟火气。那时你心里所想的什么，我虽无从知道，但看你那优然游然的样子，我感到你已神游天国了。

我和你相处将及一年，几次同游，几次深谈，我总相信你是超然物外的人。我记得冬天里我们彼此坐在白屋里向火的时候，你曾对我说，你总觉得我是个怪人，你说："我不曾和你同事的时候，我常常对婉如说，你是放荡不羁的天马。但是现在我觉得你志趣消沉，束缚维深……"我当时听了你的话，我曾感到刺心的酸楚，因为我那时正困顿情海里拔脱不能的时候，听你说起我从前悲歌慷慨的心情，现在何以如此萎靡呢？

但是，朋友！你所怀疑于我的，也正是我所怀疑于你；不过我觉得你只是被矛盾的心理争战而烦闷，却不曾疑心你有什么更深的苦楚。直到我将要离开北京的那一天，你曾到车站送我，你对我说："朋友！从此好好的游戏人间吧！"我知道你又在打趣我，我因对你说："一样的，大家都是游戏人间，你何必特别嘱咐我呢！”你听了我这话，脸色忽然惨淡起来，哽咽着道：“只怕要应了你在《或人的悲哀》里的一句话——我想游戏人间，反被人间游戏了我！”当时我见你这种情形，我才知道我从前推想又错了。后来我到上海，你写信给我，常常露着悲苦的调子，但我还不能知道你悲苦到什么地步；直到上月我接到你一封信说，你从此变成天涯一孤鸿了，我才想起有一次正是风雨交作的晚上，我在你住的“梅窠”坐着，你对我说：“隐！世界上冷酷的人太多了，我很佩服你的卓然自持，现在已得到最后的，胜利！我真没有你那种胆量和决心，只有自己摧残自己，前途、结果现在虽然不能定，但是惨象已露，结果恐不免要演悲剧呢。”我那时知道你蕴藏心底必有不可告人的哀苦，本想向你盘诘，恐怕你不愿对我说，故只对你说了几句宽解的话。不久雨止了，余云尽散，东山捧出淡淡月儿，我们站在廊庑下，沉默着彼此无语，只有互应和着低微之吁气声。

最近我接到你一封信，你说：

> 隐友！《或人的悲哀》中的恶消息：“唯逸已于昨晚死了！”隐友！怎么想得到我便是亚侠了，游戏人间的结果只是如斯！……但是亚侠的悲哀是埋葬在湖心了，我的悲哀只有漂浮在天心了，有母亲在，我须忍受腐蚀的痛苦活着。……

我自从接到你这封信，我深悔《或人的悲哀》之作。不幸的唯逸和亚侠，其结果之惨淡，竟深刻在你活跃的心海里。即你的拘执和自傲，何尝不是受我此作的无形影响。我虽然知道纵不读我的作品，在你超特的天性里早已蛰伏着拘执的分子，自傲的色彩，不过若无此作，你自傲和拘执或不至如是之深且刻。唉！亲爱的朋友，你所引为同情的唯逸既已死了，我是回天无术，但我却要恳求你不要做亚侠罢。你本来体质很好，并没有心脏病，也不曾吐血，你何必自己过分的糟蹋呢。我接到你纵性喝酒的消息，十分难受。亲爱的朋友！你对于爱你的某君，既是不能在他生时牺牲无谓的毁誉，而满足他如饥如渴的纯挚情怀，又何必在他死后，做无谓的摧残呢？你说："人事难测，我明年此日或者已经枯腐，亦未可知！……现在我毫无痛苦，一切麻木，仰观明月一轮常自窃笑人类之愚痴可怜。"唉！你的矛盾心理，你自己或不觉得，而我却不能不为你可怜。你果真麻木，又何至于明年此日化为枯槁？我诚知人到伤心时，往往不可理喻，不过我总希望你明白世界本来不是完全的，人生不如意事也自难免，便是你所认为同调的某君不死，并且很顺当的达到完满的目的；但是胜利以后，又何尝没有苦痛？况且恋感譬如漠漠平林上的轻烟微雾。只是不可捉摸的，使恋感下跻于可捉摸的事实，恋感便将与时日而并逝了。亲爱的朋友呀！你虽确是悲剧中之一角，我但愿你以此自傲，不要以此自伤吧！

昨夜星月皎洁，微风拂煦，炎暑匿迹，我同一个朋友徘徊于静安寺路，忽见一所很美丽庄严的外国坟场，那时铁门已阖，我们只在那铁栅隙间向里窥看，只见坟牌莹洁，石墓纯白；墓旁安琪儿有的低头沉默，似为死者之幽灵祝福，有的仰瞩天容，似伴飘忽的魂魄上游天国。我们驻立忘返。忽然墓场内松树之巅，住着一个夜莺，唱起悲凉的曲子。我忽然又想起你来了。

回来之后忽接得文菊的一封信说：

隐友！前接来信，令我探听PM的近状，她现在确是十分凄楚。我每和她谈起FN的死，她必泪沾襟袖呜咽的说："造物戏我太甚！使我杀人，使我陷入于类似自杀之心境！"自然哟！她的悲凉原不是无因。我当年和她在故乡同学的时候，她是很聪明特出的学生。有一个青年十分羡慕她，曾再三想和她缔交，她也晓得那青年也是个很有志趣的人，渐渐便相熟了。后来她离开故乡，到北京去求学，那青年便和她同去。她离开温情父母和家庭，来到四无亲故的燕都，当然更觉寂寞凄凉，FN常常伴她出游。在这种环境下，她和他的交感之深，自与时日俱进了。那时我们总以为有情人终成眷属了；然而人事不可测，不久便听说FN病了，病因很复杂，隐约听说是呕血之症。这种的病，多半因抑郁焦劳而起，我很觉得为PM担忧，因到她住的"梅窠"去访她。我一进门便看见她黯然无言的坐在案旁，手里拿着一张甫写成的几行信稿。她见我进来，便放下信稿招呼我。正在她倒茶给我喝的时候，我已将那桌上的信稿看了一遍，她写的是："……飞蛾扑火而焚身，春蚕作茧以自缚，此岂无知之虫蛩独受其危害，要亦造物罗网，不可逃数耳！即灵如人类，亦何能摆脱？……"隐友！PM的哀苦，已可在这数行信笺中寻绎了解，何况她当时复戚容满面呢。我因问她道："你曾去看FN吗？他病好些吗？"她听我问完，便长叹道："他的病怎能那么容易好呢！瞧着罢！我虽不杀伯仁，伯仁不免因我而死！"我说："你既知你有左右他的生死权，何忍终置之于死地！"她这时禁不住哭了，她不能回答我所问的话，只从抽屉里拿出一封信给我看，只见上面写道：

“PM！近来我忽觉得我自己的兴趣变了，经过多次的自省，我才晓得我的兴趣所以致变的原因。唉！PM！在这广漠的世界上我只认识了你，也只专诚的膜拜你，愿飘零半世的我，能终覆于你爱翼之下！”

“诚然，我也知道，这只是不自然的自己束缚自己。我们为了名分地位的阻碍，常常压伏着自然情况的交感，然而愈要冷淡，结果愈至于热烈。唉！我实不能反抗我这颗心，而事实又不能不反抗，我只有幽囚在这意境的名园里，做个永久的俘虏罢！F韩”

隐友！世界上不幸的事何其多！不过因为区区的名分和地位，卒断送了一个有用的青年！其实其惨淡尚不止此，PM的毁形灭灵，更使人为之不忍，当时我禁不住陪着哭，但是何益！

她现在体质日渐衰弱，终日哭笑无常，有人劝她看佛经，但何处是涅槃？我听说她叫你替她做一篇记述，也好！你有功夫不妨替她写写，使她读了痛痛快快哭一场；久积的郁闷，或可借之一泻！

文菊

亲爱的朋友！当我读完文菊这封信，正是午夜人静的时候，淡月皎光已深深隐于云被之后，悲风呜咽，以助我的叹息。唉，朋友呵，我常自笑人类痴愚，喜作茧自缚，而我之愚更甚于一切人类。每当风清月白之夜，不知欣赏美景，只知握着一管败笔，为世之伤心人写照，竟使洒然之心，满蓄悲楚！故我无作则已，有所作必皆凄苦哀凉之音，岂偌大世界，竟无分寸安乐土，资人欢笑！唉！朋友哟！我不敢责备你毁情绝义以自苦，你为了因你而死的FN，终日以眼泪洗面，我也绝不敢说你想不开。因为被宰割的心绝不是别人所能想到其痛楚，那么更有何人能断定你的哭是不应该的呢。哭罢，吾友！有眼泪的时候痛快的流，莫等欲哭无泪，更要痛苦万倍了。

你叫我替你做记述，无非要将一腔积闷宣泄。文菊叫我做记述，也不过要借我的酒杯为你浇块垒。这都有益于你的，我又焉敢辞。不过我终不敢大胆为你做传，我怕我的预料不对，我若写得不合你的意，必更增你的惆怅，更觉得你是天涯一孤鸿了。但是我若写得合你的意，我又怕你受了无形的催眠。——只有这封信给你，我对于你同情和推想，都可于此中寻得。你为之欣慰或伤感，我无从得知，只盼你诚实的告诉我，并望你有出我意料外的彻悟消息告诉我！亲爱的朋友！保重罢！

隐自海滨寄

寄燕北故人

亲爱的朋友们：

在你们闪烁的灵光里，大约还有些我的影子吧！但我们不见已经四年了，以我的测度你们一定不同从前——至少梅姊给我的印影——夕阳下一个倚新坟而凝泪的梅姊，比起那衰草寒烟的梅窠，吃鸡蛋煎菊花的豪情逸兴要两样了。至于轩姊呢，听说愁病交缠，近来更是人比黄花瘦，那么中央公园里，慢步低吟的幽趣，怕又被病魔销尽了！……呵！现在想到隽妹，更使我心惊！我记得我离开燕京的时候，她还睡在医院里，后来虽常常由信里知道她病终久痊愈了，并且她又生了两个小孩子，但是她活泼的精神，和天真的情态，不会因为病后改变了吗？唉！不过四年短促的岁月中，便有这许多变迁了，谁还敢打开既往的生活史看，更谁敢向那未来的生活上推想！

我自从去年自己害了一场大病，接着又遭人生的大不幸，终日只是被暗愁锁着。无论怎样的环境，都是我滋感之菌——清风明月，苦雨寒窗，我都曾对之泣泪泛滥，去年我不是告诉你们：我伴送涵的灵柩回乡吗？那时我满想将我的未来命运，整个的埋没于僻塞的故乡，权当归真的墟墓吧！但是当我所乘的轮船才到故乡的海岸时，已经给我一个可怕的暗示——一片寒光，深笼碧水，四顾不禁毛发为之悚栗，满不是我意想中足以和暖我战惧灵魂的故乡。及至上了岸，就见家人，约了许多道士，在一张四方木桌上，满插着招魂幡旗，迎冷风而飘扬。只见涵的衰年老父，揾泪长号，和那招魂的罄钹繁响争激。唉！马江水碧，鼓岭云高，渺渺幽冥，究竟何处招魂！徒使劫余的我，肝肠俱断。到家门时，更是凄冷鬼境，非复人间。唉！那高举的丧幡，沉沉的白幔，正同五年前我奔母亲丧时的一样刺心伤神。——不过几年之间，我却两度受造物者的宰割。唉！雨打风摧，更经得几番磨折！——再加着故乡中的俚俗困人，我究竟不过住了半年，又离开故乡了——正是谁念客身轻似叶，千里飘零！

去年承你们的盛情约我北去，更续旧游；只恨我胆怯，始终不敢应诺。按说北京是我第二故乡，我七八岁的时候，就和它相亲相近。直到我离开它，其间差不多十八九年。它使我发生对它的好感，实远胜我发源地的故乡。我到北京去，自然是很妥当而适意的了。不过你们应当知道，我为什么不敢去？东交民巷的皎月馨风，万牲园的幽廊斜晖，中央公园的薄霜淡雾，都深深的镂刻着我和涵的往事前尘！我又怎么敢去？怎么忍去！朋友们！你们千里外的故人，原是不中用的呢！不过也不必因此失望，因为近来我似乎又找到新生路了，只我的灵魂出了牢狱，我便可和你们相见了！

我这一次重到上海，得到一个出我意料外的寂寞的环境，读书做稿，都用不着等待更深夜静。确是蓼荻绕宅，梧桐当户，荒坟蔓草，白杨晚鸦，而它们萧然的长叹，或冷漠，都给我以莫大的安慰，并且启示我，为俗虑所掩遮的灵光——虽只是很淡薄的灵光，然而我已经似有所悟了。

我所住的房子，正对着一片旷野，窗前高列着几棵大树，枝叶繁茂，宿鸟成阵，时时鼓舌如簧，娇啭不绝。我课余无事，每每开窗静听，在它们的快乐声中，常常告诉我，它们是自由的……有时竟觉得，它们在嘲笑我太不自由了。因为我灵魂永永不曾解放过，我不能离开现实而体察神的隐秘。无论做什么事情，却只能宛转因人，这不是太怯弱了吗?

有一天我正向窗外凝视，忽然看见几个小孩子，满脸都是污泥，衣服也和他们的脸一样的肮脏，在我们房子左右满了落叶枯枝的草地上，摭拾那落叶枯枝。这时我由不得心里一惊——天寒岁暮了，这些孩子们，捡这枯枝，想来是，燃了取暖的，昨天听说这左右发现不少小贼，于是我告诉门房的人，把那些孩子赶了出去；并且还交代小工，将那破损的竹篱笆修修好，不要让闲杂人进来。……这自然是我的责任，但是我可对不起那几个圣洁的小灵魂了。我简直是蔑视他们，贼自然是可怕的罪恶，然而我没有用的人，只知道关紧门，不许他们进来，这只图自己的安适，再不为那些不幸的人们一回顾，这是多么卑鄙的灵魂！除自私之外没有更大的东西了！朋友们：在这灵光一瞥中，我发见了人类的丑恶，所以现在除了不幸的人外，我没有朋友。有许多人，对着某一个不幸的人，虽有时也说可怜，然而只是上下唇，及舌头筋肉间的活动，和音带的震响罢了，真是十三分的漠然，或者可以说，其间含着幸灾乐祸的恶意呢！总之，一个从来不懂悲哀和痛苦真义的人，要叫他能了解悲哀和痛苦的神秘，未免太不容易！所以朋友们！你们要好好记住，如果你们是有痛苦悲哀的时候，与其对那些不能了解的人诉说，希冀他们予以同情的共鸣，那只是你们的幻想，决不会成事实的。不如闭紧你们的口，眼泪向肚里流要好得多呢。

悲哀才是一种美妙的快感，因为悲哀的纤维，是特别的精细。它无论是触于怎样温柔的玫瑰花朵上，也能明切的感觉到。比起那近于欲的快乐的享受，真是要耐人寻味多了。并且只有悲哀，能与超乎一切的神灵接近。当你用怜悯而伤感的泪眼，去认识神灵的所在，比较你用浮夸的享乐的欲眼时，要高明得多，悲哀诚然是伟大的！

朋友们！你们读我的信到这个地方，总要放下来揣想一下吧！甚或要问这倒是怎么一回事？——想来这个不幸的人，必要被暗愁搅乱了神经，不然为何如此尊崇悲哀和不幸者呢？……要不然这个不幸的人，一定改了前此旷达的心胸，自囿于凄栗之中。……呵！朋友们！如果你们如是的怀疑，我可以诚诚实实的告诉你们，这揣想完全错了。我现在态度，固然是比较从前严肃，然而我却好久不掉眼泪了。看见人家伤心，我仿佛是得到一句隽永的名句，有意义的，耐人寻味的名句。我得到这名句，一面是刻骨子的欣赏，一面又从其中得到慰安，这真是一种灵的认识，从悲哀的历程中，所发现的宝藏。

我前此常常觉得人生，过于单调；青春时互相的爱恋者，一天天平凡的度过去，究竟什么是生命的意义！——有什么无上的价值，完全不明了。现在我仿佛得到神明的诏示，真了解悲哀才有与神接近的机会，才能与鲜红的热血为不幸者牺牲，朋友们！我相信你们中一定有能了解我这话的人，至少梅姊可以和我表同情，是不是？

我自从沦入失望和深愁浸渍的漩涡中，一直总是颓废不振，我常常自危，幸而近来灵光普照，差不多已由颓废的漩涡中扎挣起来了。只要我一旦对于我的灵魂，更能比较的解放，更认识得清楚些，那么那个人的小得失，必不至使我惊心动魄了。

梅姊的近状如何？我记得上半年来信，神气十分萎靡；固然我也知道梅姊的遭遇多苦，但是，我希望梅姊把自己的价值看重些，把自己的责任看大些，像我们这种个人的失意，应该把它稍为靠后些，因为这悲哀造成的世界，本以悲哀为原则，不过有的是可医治的悲哀，有的是不可医治的悲哀。我们的悲哀，是不可医治的根本的烦冤，除非毁灭，是不能使我们与悲哀相脱离，我们只有推广这悲哀的意味，与一切不幸者同运命，我们的悲哀岂不更觉有意义些吗？呵！亲爱的朋友！为了怜悯一个贫病的小孩子而流泪，要比因自己的不幸而流泪，要有意味得多呢！

神实在是不可思议的，所以能够使世界瑰琦灿烂，不可逼视。在这里我要告诉你一件很有趣味的事实。前天下午，我去看星姊。那时美丽的太阳，正射着玫瑰色的玻璃窗上，天边浮动着变幻的浅蓝的飞云，我走到星姊的房间的时候，正静悄悄不听一点声息。后来我开门进去，只见星姊正在摇篮旁用手极轻微的摇着睡在里面的小孩子，我一看，突然感觉到母亲伟大而高远的爱的神光，从星姊的两眸子中流射出来，那真是一朵不可思议的灿烂之花！呵隽妹！我现在能想象你，那温慈的爱欢，正注射着你那可爱的娇儿呢！这真是人间最大慰安吧。无论是怎么痛苦或疲乏的人，只要被母亲的春晖拂照便立刻有了生气，世界上还有比母亲的爱更伟大么。这正是能牺牲自己而爱，爱她们的孩子，并且又是无所为而爱的呵！母亲的爱是怎样的神圣，也正和为不幸而悲哀同样的有意味呢！

现在天气冷了，秋风秋雨一阵紧一阵。燕北彤云，雪意必浓，四境的冷涩，不知又使多少贫苦人惊心骇魄。但愿梅姊用悲哀的更大同情，为他们洗涤创污；隽妹以母亲伟大的温情，为他们的孤零嘘拂。

如果是无甚阻碍，明年暑假，我们定可图一晤。敬祝亲爱的朋友为使灵魂的超越而努力呵！

你们海角的故人书于凄风冷雨之下

灵海潮汐致梅姊

亲爱的梅姊：

我接到你的来信后，对于你的热诚，十分的感激。当时就想抉示我心头的隐衷，详细为你申说。然自从我回到故乡以后，我虽然每天照着明亮的镜子，不曾忘却我自己的形容，不过我确忘记了整个儿我的心的状态。我仿佛是喝多了醇酒，一切都变成模糊。其实这不是什么奇怪的事，因为你只要知道我的处境，是怎样的情形，和我的心灵怎样被捆扎，那么你便能想象到，纵使你带了十二分活泼的精神来到这里，也要变成阶下的罪囚，一切不能自由了。

我住的地方，正在城里的闹市上。靠东的一条街，那是全城最大的街市，两旁全是店铺，并不看见什么人们的住房。因为这地方的街市狭小，完全赁用人民的住房的门面做店铺，所以你可以想象到店铺和住家是怎样的毗连。住户们自然有许多不便，他们店铺的伙计和老板，当八点以后闭了店门，便掇三两条板凳，放上一块藤绷子，横七竖八的睡着；倘若你夜里从外头回来的时候，必要从他们挺挺睡着的床边走过，不但是鼾声吓人，那一股炭气和汗臭，直熏得人呕吐。尤其是当你从朋友家里宴会回来以后，那一股强烈的刺激，真容易使得人宿酒上涌呢！

我曾记得有一次，我和玉姊同到青年会看电影，那天的片子是《月宫宝盒》，其中极多幽美的风景，使我麻木的感想，顿受新鲜的刺激，那轻松的快感仿佛置身另一世界。不久，影片映完，我们自然要回到家里，这时候差不多快十二点了。街上店铺大半全闭了门，电灯也都掩息，只有三数盏路灯，如曙后孤星般在那里淡淡的发着亮，可是月姊已明装窥云，遂使世界如笼于万顷清波之下似的，那一种使人悄然意远的美景，不觉与心幕上适才的印象，溶而为一……但是不久已到家门口，“赫！”一阵“鼾呼”“鼾呼”的鼾声雷动，同时空气中渗着辣臭刺鼻，全身心被重浊的气压困着出不来气，这才体贴出人间的意味来。至于庭院里呢？为空间经济起见，并不种蓓蕾的玫瑰和喷芬的夜合，只是污浊破烂的洗衣盆、汲水桶，纵横杂陈。从这不堪寓目的街市，走到不可回旋的天井里，只觉手绊脚牵。至于我住的那如斗般的屋子里，虽勉强的把它美化，然终为四境的嘈杂，和孩子们的哭叫声把一切搅乱了。

这确是沉重的压迫，往往激起我无名的愤怒。我不耐烦再开口和人们敷衍，我只咒诅上帝的不善安置，使我走遍了全个儿的城市，找不到生命的休息处。我又怎能抉示我心头的灵潮于我亲爱的梅姐之前呢！

不久又到了夏天，赤云千里的天空，可怜我不但心灵受割宰，而且身体更郁蒸，我实在支持不住了，因移到鼓岭来往——这是我们故乡三山之一。鼓岭位于鼓山之巅，仿佛宝塔之尖顶，登峰四望，可以极目千里，看得见福州的城市民房栉比，及汹涛骇浪的碧海，还有隐约于紫雾白云中的岩洞迷离，峰峦重叠。我第一天来到这个所在，不禁满心怅惘，仿佛被猎人久围于暗室中的岐路亡羊，一旦被释重睹天日，欣悦自不待说。然而回想到昔日的颠顿艰辛，不禁热泪沾襟！

然而透明的溪水，照见我灵海的潮汐，使它从新认识我自己。我现在诚意的将这潮汐的印影，郑重的托付云雀，传递给我千里外的梅姊，和凡关心我的人们，这是何等的幸运。使我诅咒人生之余，不免自惭，甚至忏悔，原来上帝所给予人们的宇宙，正不是人们熙攘奔波的所在。呵！梅姐，我竟是错了哟！

一 鸡声茅店月

当我从崎岖陡险的山径，攀缘而上以后，自是十分疲倦，没有余力更去饱览山风岚韵；但是和我同来的圃，她却斜披夕阳，笑意沉酣的，来到我的面前说："这里风景真好，我们出去玩玩吧！"我听了这话，不免惹起游兴，早忘了疲倦，因遵着石阶而上，陡见一片平坦的草地，静卧于松影之下。我们一同坐在那柔嫩的碧茵上，觉得凉风拂面，仿佛深秋况味。我们悄悄坐着，谁也不说什么，只是目送云飞，神并霞驰，直到黄昏后，才慢慢的回去。晚饭后，摊开被褥，头才着枕，就沉沉入梦了。这一夜睡得极舒畅。一觉醒来，天才破晓，淡灰色的天衣，还不曾脱却，封岩闭洞的白云，方姗姗移步。天边那一钩残月，容淡光薄，仿佛素女身笼轻绡，悄立于霜晨凌疏中。隔舍几阵鸡声，韵远趣清。推窗四望，微雾轻烟，掩映于山巅林际。房舍错落，因地为势，美景如斯，遂使如重囚的我，遽然被释，久已不波的灵海，顿起潮汐，芸芸人海中的我真只是一个行尸呵！

灵海既拥潮汐，其活泼腾越有如游龙，竟至不可羁勒。这一天黎明，我便起来，怔立在回廊上，不知是何心情，只觉得心绪茫然，不复自主。

记起五年前的一个秋天早晨——天容淡淡，曙光未到之前，我和仪姐同住在一所临河的客店里，——那时正是我们由学校回家乡的时候。头一天起早，坐轿走了五十里，天已黑了，必须住一夜客店，第二天方能到芜湖乘轿。那一家客店，只有三间屋子，一间堂屋，一间客房，一间是账房，后头还有一个敞厅排着三四张板床，预备客商歇脚的。在这客店住着的女客除了我同仪姐没有第三个人，于是我们两人同住在一间房里——那是唯一的客房。我一走进去，只见那房子里阴沉沉的，好像从来未见阳光。再一看墙上露着不到一尺阔的小洞，还露着些微的亮光，原来这就是窗户。仪姐皱着眉头说："怎么是这样可怕的所在？你看这四面墙壁上，和屋顶上，都糊着十年前的陈报纸，不知道里面藏着多少的臭虫虱子呢！……"我听了这话由不得全身肌肉紧张，掀开那板床上的破席子看了看，但觉臭气蒸溢，不敢再往那上面坐。这时我忽又想到《水浒》上的黑店来了，我更觉得心神不安。这一夜简直不敢睡，怔怔地坐着数更筹。约莫初更刚过，就来了两个查夜的人，我们也不敢正眼看他，只托店主替我们说明来历，并给了他一张学校的名片，他才一声不响的走了。查夜的人走了不久，就听见在我们房顶上，许多人嘻嘻哈哈的大笑。我和仪姐四目对望着，正不知怎么措置，刚好送我们的听差走进来了，问我们吃什么东西。我们心里怀着黑店的恐惧，因对他说一概不吃。仪姐又问他这上面有楼吗，怎么有许多人在上面呵？

那听差的说："那里并不是楼，只是高不到三尺堆东西的地方，他们这些人都窝在上边过大烟瘾和赌钱。"我和仪姐听了这话，才把心放下了，然而一夜究竟睡不着。到三更后，那楼上的客人大概都睡了，因为我们曾听见鼾呼的声音，又坐了些时就听见远远的鸡叫，知道天快亮了，因悄悄的开了门到外面一看，倒是满庭好月色，茅店外稻田中麦秀迫风，如拥碧波。我同仪姐正在徘徊观赏，渐听见村人赶早集的声音，我们也就整装奔前途了。

灵潮正在奔赴间，不觉这时的月影愈斜，星光更淡，鸡鸣，犬吠，四境应响；东方浓雾渐稀，红晕如少女羞颜的彩霞，已择隙下窥，红而且大的昊日冉冉由山后而升，霎那间霞布千里，山巅云雾，逼炙势而匿迹，蔚蓝满空。唉！如浮云般的人生，其变易还甚于这月露风云呵，梅姊也以为然吗？

二　动人无限愁如织

梅姊！你不是最喜欢苍松吗？在弥漫黄沙的燕京，固然缺少这个，然而我们这里简直遍山都是。这种的树乡里的人都不看重它，往往砍下它的枝干作薪烧，可是我极爱那伏龙夭矫的姿势。恰好在我的屋子前有数十株臂般的大松树，每逢微风穿柯，便听见涛声澎湃，我举目云天，一缕愁痕，直奔胸臆。噫！清翠的涛声呵！然而如今都变成可怕的涛声了。梅姊！你猜它是带来的什么消息？记得去年八月里，正是黄昏时候，我还是住在碧海之滨的小楼上，我们沿着海堤看去，只见斜阳满树，惊风鼓浪，细沫飞溅衣襟，也正是涛声澎湃，然而我那时对于这种如武士般的壮歌，只是深深的崇拜，崇拜它那伟大雄豪。

我深深记得我们同行海堤共是五人，其间有一个J夫人——梅姊未曾见过——她的面貌很美丽，尤其她天性的真稚，仿佛出谷的雏莺。她从来不曾见过四无涯涘的海，这是她第一次看见了海。她极欣悦的对我说："海上的霞光真美丽，真同闪光的柔锦相仿佛，我几时也能乘坐那轮船，到外国遨游一番，便不负此生了。"我微笑道："海行果然有趣，然而最怕遇见风浪……"J夫人道："吓，如果遇见暴风雨，那真是可怕呢。我记得我母亲的一个内侄，有一次从天津到上海，遇到飓风，在海里颠沛了六七天，幸而倚傍着一个小岛，不然便要全船翻覆了！"我们说到海里的风浪，大家都感着心神的紧张。我更似乎受到什么暗示般，心头觉得忐忑不定。我忽想到涵曾对我说：星相者曾断定他二十八岁必死于水……这自然是可笑的联想，然而实觉得涵明年出洋的计划最好不要实现……这时涵正与铎谈讲着怎样为他的亡友编辑遗稿，我自不便打断他的话头，对他说我的杞忧。……

我们谈着不觉天色已黑下来，并且天上又洒下丝丝的细雨来，我们便沿着海堤回去了。晚饭后我正伏着窗子看海，又听见涛声澎湃，陡的又勾起我的杞忧来。我因对涵说："我希望你明年不要到外国去……"涵怔怔的道："为什么？"我被他一问又觉得我的思想太可笑了！不说罢！然而不能，我嗫嚅着说："你不记得星相者说二十八岁要小心吗？……"涵听了这话不觉嗤的一声笑道："你真有些神经过敏了，怎么忽然又想起这个来！"我被他讪笑了一阵，也自觉惭沮，便不愿多说……而不久也就忘记了。

涛声不住的澎涛，然而涵却不曾被它卷入旋涡，但是涵还不到二十八岁，已被病魔拖了去。唉！这不但星相者不曾料到，便是涵自身也未曾梦想到呵！当他在浪拥波掀的碧海之滨，计划为他的亡友整理遗稿，他何尝想到第二年的今日，松涛澎湃中，我正为他整理残篇呢。我一页一页的抄着，由不得心凄目眩，我更拿出他为亡友预备编辑而未曾编辑的残简一叠，更不禁鼻酸泪涕。唉！不可预料的昙花般的生命，正不知我能否为他整理完全遗著，并且又不知道谁又为我整理遗著呢！梅姊！你看风神勤鼓着双翼，松涛频作繁响，它带来的是什么消息……正是动人无限愁如织呵！

三　斜阳正在烟柳断肠处

斜阳满山，繁英呈艳。我同圃绕过山径，那山路忽高忽低曲折蜿蜒。山洼处一方稻田，麦浪拥波，翠润悦目。走尽田垄，忽见奇峰壁立，一抹残阳，正反映其上。由这里拨乱草探幽径，转而东折，忽露出一条石阶，随阶而上，其势极险，弯腰曲背，十分吃力，走到顶巅，下望群峰起伏，都映掩于淡阳影里。我同圃坐在悬崖上，默默的各自沉思。

我记得那是一个极轻柔而幽静的夜景，没有银盆似的明月，只是点点的疏星，发着闪烁的微光。那寺里一声声钟鼓荡漾在空气里时，实含着一种庄严玄妙的暗示。那一队活泼的青年旅行者，正在那大殿前一片如镜般的平地上手搀着手，捉迷藏为嬉。我同圃、德三人悄悄的走出了山门，便听见瀑布潺潺溅溅的声音，我们沿着石路慢慢的散着步，两旁的松香清澈，树影参差。我们唱着极凄凉的歌调，圃有些怅惘了，她微微的叹息道：“良辰美景……”底下的话她不愿意更说下去，因换了话头说：“这个景致，极像某一张影片上的夜景，真比什么都好，可是我顶恨这种太好的风景，恒使我惹起无限莫名的怅惘来。”我仿佛有所悟似的，因道：“圃，你猜这是什么原因？……正是因为环境的轻松，内心得有回旋的余地，潜伏心底的灵性的要求自然乘机发动；如果不能因之满足，便要发生一道怅惘的情绪，然而这怅惘的情绪，却是一种美感，恒使我人迟徊不忍舍去。”我们正发着各自的议论，只有德一声不哼的感叹着。圃似乎不在意般的又接着道：“我想无论什么东西，过于着迹，就要失却美感，风景也是如此，只要是自然的便好，那人工堆砌的究竟经不住仔细端相……甚至于交朋友，也最怕的是腻，因为腻了便觉得丑态毕露。世界上的东西，一面是美的，一面是丑的，若果能够掩饰住丑的，便都是美的可欣羡的，否则都是些罪恶！”唉！梅姊！圃的一席话，正合了我的心。你总当记得朋友们往往嫌我冷淡，其实这种电流般的交感，不过是霎时的现象，索居深思的时候，一切都觉淡然！我当时极赞同圃的话，但我觉得德这时有些仿佛失望似的。自然啦，她本是一个热情的人，对于朋友，常常牺牲了自己而宛转因人，而且是过分的细心，别人的一举一动，她都以为是对她而发的，或者是有什么深意。她近来待我很好，可是我久已冷淡的心情，虽愿意十分的和她亲热，无如总是落落的。她自然时常感到不痛快，可是我不能出于勉强的敷衍，不但这是对良心不住，而且也不耐烦；然而她现在没精打彩的长叹着，我有些难受了。我想上帝太作弄我，既是给我这种冷酷而少信仰的心性，就不该同时又给我这种热情的焚炙。

最使我不易忘怀的，是德将要离开我们的那一天。午饭后，她便忙着收拾行装，我只怔怔的坐着发呆。她凄然的对我说："我每年暑假离开这个学校时，从不曾感到一些留恋的意味，可是这一次就特别了，老早的就心乱如麻，说不出那种'剪不断，理还乱'的滋味……"她说着眼圈不觉红了。我呢？梅姊！若是前五年，我的眼泪早涌出来了，可是现在百劫之余的心灵，仿佛麻木了。我并不是没有同情心，然而我终没有相当的表现，使那对方的人得到共鸣的安慰。当我送她离开校门的时候，正是斜阳满树，烟云凄迷，我因冷冷的道："德！你看斜阳正在烟柳断肠处。"德听了这话，顿时泪如雨下，可是我已经干枯的泪泉，只有愧惭着，直到德的影子不可再见了，我才悄悄地回来。我想到了这里，不觉叹了一声，圃忽回头对我说："趁着好景未去的时候，我们回去吧！也留些不尽的余兴。"梅姊！这却是至理名言吧！

四　寒灰寂寞凭谁暖　落叶飘扬何处归

梅姊！我这个心终久是空落落的，然而也绝不想使这个心不空落，因为世界上究少可凭托的地方，至于归宿呢，除出进了"死之宫门"，恐怕没有归宿处呵！空落落的心不免到处生怯，明明是康庄大道，然而我从不敢坦然的前进，但是独立于落日参横，灰淡而沉寂的四空中，又不免怅然自问"寒灰寂寞凭谁暖？落叶飘扬何处归？"了。梅姊！可怜以矛刺盾，转战灵田，不至筋疲力倦，奄然物化，尚有何法足于解脱？

有时觉得人们待我也很有情谊，聊以自慰吧！然而多半是必然的关系，含着责任的意味，而且都是搔不着痒处的安慰，甚于有时强我咽所不愿咽的东西。唉！转不如没有这些不自然的牵扯，反落得心身潇洒，到而今束身于桎梏之中，承颜仰色，何其无聊！

但是世界上可靠的人，究竟太少，怯生生的我，总不敢挣脱这个牢笼，放胆前去。我梦想中的乐园，并不是想在绮罗丛里，养尊处优，也不是想在饮宴席上，觥筹交错。我不过求两椽清洁质朴的茅屋，一庭寂寞的花草，容我于明窗净几之下，饮酽茶，茹山果，读秋风落叶之什，抉灵海潮汐，示我亲爱的朋友们。唉！我所望的原来非奢，然而蹉跎至今，依然夙愿莫偿，岁月匆匆，安知不终抱恨长辞。虽然我也知道在这世界上，正有许多醉梦沉酣的人们，膏沐春花秋月般的艳容，傲睨于一群为她们而颠倒的青年之前，是何等尊若天神。青年们如疯狂似的俯伏她们的足前，求她们的嫣然一笑时，是何等的沉醉迷离。呵！梅姊！你当然记得从前在梅窠时你我的豪兴，我们曾谈到前途和事业，你说你希望诗神能够假你双翼，使你凌霄而上，采撷些仙果琼葩，赐予久不赏识美味的世人，这又是何等超越之趣，然而现在你却怔立在悲风惨日的新墓之旁，含泪仰视。呵！梅姊！你岂是已经掀开人间的厚幕，看到最后的秘密了吗？若果是的，请你不必深说罢！我并恳求你暂且醉于醇醪，以幻象为真实吧！更不必问到“落叶飘扬何处归”的消息，因为我不能相信在这世界上可以求到所谓凭托与归宿呵！

梅姊！只要我一日活着，我的灵海潮汐将掀腾没有已时，我尤其怕回首到那已经成尘的往事，然而我除了以往事的余味，强为自慰外，我不知将何物向你诉说！现在的我，未来的我，真仿佛剩余的糟粕，无情的世界诚然厌弃我，然而我也同样的憎厌世界呵！

梅姊！我自然要感激你对我的共鸣，你希望我再到北京，并应许我在凄风苦雨之下伴我痛哭，唉！我们诚然是世界上的怯弱者，终不免死于失望呵！……梅姊！我兴念及此，一管秃笔不堪更续了哟！

云鸥情书选

二 寄异云

信收到了，诗尚未寄来，想因挂号耽误之故吧。

承你鼓舞我向无结果人生路上强为欢笑，自然是值得感激的；不过，异云，神经过敏的我，觉得你不说悲观是不自然的……什么是奋斗？什么是努力？反正一句话，无论谁在没有自杀或自然的死去之先，总是在奋斗在努力，不然便一天也支持不过去的。

异云，我告诉你，我并不畏缩，我虽屡经坎坷，汹浪，恶涛，几次没顶，然而我还是我，现在依然生活着；至于说我总拿一声叹息一颗眼泪去罩笼宇宙，去解释一切，那只怪我生成戴了这副不幸的灰色的眼镜，在我眼睛里不能把宇宙的一切变得更美丽些，这也是无办法的事。至于说悲观有何用——根本上我就没有希望它有用——不过情激于中，自然的流露于外，不论是“阳春白雪”或“下里巴歌”，总而言之，心声而已。

我一生别的不敢骄人，只有任情是比一切人高明。我不能勉强敷衍任何人，我甚至于不愿见和我不洽合的人，我是这样的，只有我，没有别人；换言之，我的个性是特别顽强，所以我是不容易感化的，而且我觉得也不必勉强感化。世界原来是种种色色的，况悲切的哀调是更美丽的诗篇，又何必一定都要如欢喜佛大开笑口呢？异云，我愿你不要失去你自己——不过，如果你从心坎里觉得世界是值得歌颂的，那自然是对的；否则不必戴假面具——那太苦而且无聊！

我们初次相见，即互示以心灵，所以我不高兴打诳语，直抒所欲言，你当能谅我，是不是？

再说罢，祝你快乐！

冷鸥

四　寄异云

云弟：

放心！我一切都看得雪亮，绝不至误会你！

人间虽然污浊，但是黑暗中也未尝没有光明；人类虽然渺小，但在或种环境之中也未尝没有伟大。云弟，我们原是以圣洁的心灵相结识，我们应当是超人间的情谊，我何至那么愚钝而去误会你，可怜的弟弟，你放心吧，放心吧！

人与人的交接不得已而戴上假面具，那是人间最残酷最可怜的事实，如果能够在某一人面前率真，那就是幸福，所以你能在我面前不虚伪，那是你的幸福，应当好好地享受。

什么叫疯话？——在一般人的意义（解释疯狂的意义之下）你自然难免贤者之讥；但在我觉得这疯话就是一篇美的文学——至少它有着真诚的情感吧。

但是云弟，你入世未深，你年纪还小，恐怕有那么一天你的疯话将为你的经验和苦难的人生而陶铸成了假话呢！到那时候，才是真正可悲哀的，古人说“哀莫大于心死”——现在一般社会上的人物，哪一个是有着活泼生动的心灵？哪一个不是行尸走肉般在光天化日之下转动着？唉！愚钝本是人类的根性，佛家所谓“真如”早已被一切的尘浊所遮掩了，还有什么可说？

其实我也不比谁多知道什么，有的时候我还要比一切愚钝的人更愚钝，不过我有一件事情可以自傲的：就是无论在什么环境中，我总未曾忘记过“自我”的伟大和尊严；所以我在一般人看起来是一个最不合宜的固执人，而在我自己，我的灵魂确因此解放不少，我除非万不得已的时候，我总是行我心之所安——这就是我现在还能扎挣于万恶的人间绝大的原因。云弟，我所能指导你的不过如是而已！

你是绝对主情生活的人，这种人在一方面说是很伟大很真实的，但在另一方面说，也是最苦痛最可怜的；因为理智与情感永远是冲突的，况且世界上的一切事实往往都穿上理智的衣裳，在这种环境之下，只有你一个人骑着没有羁勒的天马，到处奔驰，结果是到处碰钉子——这话比较玄妙，我可以举一件事实证明我的话是对的：比如你在南方饭店里所认识的某女士，在你不过任一时的情感说一两句玩话罢了，而结果？别人就拿你的话当作事实，然后加以理智的批评，因之某博士也不高兴你，某诗人也反对你，弄到现在，你自己也进退两难——这个大概够你受了吧？——所以，云弟，我希望你以后稍微冷静点，一般没什么智识的女子，她们不懂得什么神秘，她们可以把你一两句无意的话当作你对她们表示情爱的象征呢！——世路太险恶，天真的朋友，你要留心荆棘的刺伤呢。

云弟，你是极聪明的人，所以你比谁都疯狂——自然这话也许你要笑我偷自“天才即狂人”的一句话；不过，我确也很了解这话的意义。所谓天才，他的神光与人不同，他的思想是超出人间的，而一般的批评家却是地道的人间的人，那些神秘惊奇的事迹在他们眼里看来自然是太陌生，又焉得不以疯子目之呢？

可是我并不讨厌疯子，我最怕那方行矩步的假人物。——在中国诗人中我最喜欢李太白和苏东坡，我最讨厌杜甫和吴梅村；在外国诗人中我所知道有限，可是我很喜欢雪莱——这也许就是我们能够共鸣的缘故吧。

天地间的东西最神秘的，是无言之言，无声之声，就是你所说的沉默。中国有一句成语说“无限心头事，都在不言中”。所谓沉默的时候，就是包容宇宙一切的时候，这时候是超人间的，如醉于美酒后的无所顾忌飘逸美满的心情，云，你说对不对？再谈吧，祝你高兴！

冷鸥

七　寄异云

异云：

你的信我收到了，没有什么可说。天底下的春蚕没有不作茧的，也正犹之乎飞蛾扑火，明知是惹炎烧身，但是命运如此——正如你所说除了冷静去承受，实在也没有更高明的办法。

不过，异云，你要知道人类是不可思议的神秘的怪物，所以自苦的情形虽等于春蚕等于飞蛾，然而蚕茧的收获可以织出光彩的绸缎，飞蛾投入于火炎中虽是痛苦，同时可以加火的燃烧力；因之，人类虽愚，自甘沉没的结果，便得到最高的快乐和智慧了。异云，你为什么病？你是否为了搜寻智慧而病呢？……我愿意知道。

这些天连着喝酒，我愿迷醉，但是朋友们太小心，唯恐我醉，常常不许我尽量；因此，我只能半醉，我只模糊的记忆痛苦的已往——但是我不能整个忘了宇宙呵，异云，这是多么苦痛的事情呢？我希望有一天我能够醉得十分深——最好永不醒来，唉，异云，我是怪人，我不了解快乐，我只能领会悲哀。

自从认识你以后，我的心似乎有了一点东西——也许是一把锁匙，也许是一阵风，我的心不安定呢。

我觉得有一个美丽的幻影在我面前诱惑，我发誓纵使这幻影终久是空虚而苦痛的，但是我为了他醉人的星眸，我要追逐他——以至于这幻影消灭了——我也毁灭的时候！呵！异云，我不愿更饶舌了，我只有沉默——除了沉默没有方法可以包涵我心中无限的意思！

疯话一篇也许你懂——当然我是希望你懂；不过，不懂也好，至少没有钥匙，没有了风，我的心门将永久闭塞，我的生命也永不起波浪。好了，星期日见吧。

冷鸥

十　寄冷鸥

鸥：

我又搬家了，可怜如此不安定漂泊的灵魂，何时方能归宿呢？鸥，你如注意我，可怜我，我便胆大的讲一声我终久的归宿是在你柔温的胸中！你不必拒绝，更无须退缩，我告诉你，我现在外面虽然像流动无归的浮云，其实我深心处，呵，不，我的心之根已长在一块润湿肥沃的土中，鸥，你说是不是？

我的心往常在独自改造世界，独自毁灭世界，我的感情激动无尽的细波。呵！那时我如何的孤单，而今无意中发出了一种我理想之外的奇异细波，同我的互相缠结而不可分，鸥，你说我感着一种如何神秘的怪感呢？你须知道神秘这种东西，是在言语文字之外的，亲爱的，鸥，你叫我怎样表明它呢？我只有等，等到我俩共同感到这种神秘时（也许你已觉着），我不必讲，你早已深知，但现在我又不得不说一点：

从前我从这世界抓出一种神秘，每当世界上的一切不能满足我时，我便悄悄的进了我唯一的神秘世界；那里，一切一切与我们这个世界的一切都不同，我每想到这么一个世界只有这一人住居，便不觉两眼发花，心中来了一阵辛酸，宇宙的形形色色都变为惨淡的。唉！这世上我该不来，真该不来，但不来也罢，如今既来了，又如何呢？所以我想这种神秘世界虽不能十分满足，唉！并非不能满足我，只因我伤心世人不能与我共此神境——但这个世界更不能满足我了，因之我发誓永入神秘之境，我便掷弃了现世；自从你我相识后，我才知道我所感觉与想象的世界并不在第二世界，更不在虚无缥缈间，乃在人心中呵！鸥！即在你我的心中，这一点是我的生命！你教我的，至少是你给我这种灵感。呵！吾鸥，你难道不是我的新生命吗？新生命便是你！

我知道你有许多地方是不相信我的，但是，鸥，你如果能了解上面一段话，那你便明白我的心是如何的真诚不朽与不变，不然你的心便是虚伪腐朽与改变！

这几天我在努力写诗，不多谈了，祝你

安好！

异云

十九　寄异云

异云：

我这两天好像老是酒后，心情有些醉，又有些辛酸，真难过极了！偏偏应酬多，今天又要去赴宴，多么世俗呵！哪一天我住到深山穷崖时，便是被赦的日子。

你的长信我收到了——

我从你那里得到许多美的幻影，当我静默时，便立刻映射于我的眼前！在那一刹那间我的心是充实的；不过也太复杂，所以最后仍然是冷漠空虚。——不过这个冷漠空虚，也许是一切被焚毁后的冷漠空虚吧。

天是怎样的不可测，我的心也是怎样的不可捉摸，不安定是不可避免的趋势，恐将困我终生——直到我埋葬时。

世界上认识我的人现在都张着惊奇的眼在注视我，总以为我有不可思议的变化，各种浪漫的谣言常常加在我的身上，真够热闹了。可是我呢还是我！并且永远还是我，因此我更感觉我在世界上太孤独了。

冷鸥

二十　寄冷鸥

鸥：

来信收到。我以为你太注意世人的批评。世人的议论只是一种偏见，我们的建设既不在这个世界上，我们又何必太看重他们的浅见呢？

冷鸥，你的心是海是云，无时不在变幻——这我顶清楚；但是我这里有许多美丽的幻影，那时你的心难受，渴望什么安慰与珍奇美丽的东西，不瞒你的话，我准能使你比较满足。

我们每次相见，你都说些虚无缥缈的话，冷鸥，我又以为你不大对，不大明白真情。你只一味的倔强，你说你的眼前时常有一个可怕的阴影——那自然是象征你将来的运命；你又说那阴影非常的美丽——那自然是象征我以后会给你以悲哀。这些都是你的世故太深的缘故，我无法补救，只有一心一意的对你好罢了。

唉，我的心此时有“理还乱”的难受，再说吧！

异云

二十一　寄异云

异云：

不知为什么我这几天的心紊乱极了。我独自坐在书案前的摇椅上，怔怔看着云天出神，只觉得到处都是不能忍受的不和谐，我真愤恨极了，我要毁灭一切！——然而你知道我是太脆弱了，哪里有力量来做这非常的勾当呢。

异云，我不是对你说过吗？在我的眼前时时现露着那个可怕的阴影。它是像利剑似的时时刺得我的心流血——血滴是渐渐的展开来，好像一条河，可怜的我就沐浴于这鲜红的血水中；当我如疯狂似的投向那温软的梦中时，为了这血水的腥气又把我惊醒了；这时我看见我的灵魂是踯躅于荒郊，那神情太狼狈了！因此连刹那的沉醉都不可得！唉，天给我的宿命足如此的残刻，呵，异云，你将何以慰我呢？

从前我也曾经感到生之彷徨，然而程度没有现在的深，现在呵，太糟了，我简直没有法子说出我心里情调之复杂。

你说你每次见了我的时候，都觉得我好像在生病。真的，你的眼光实在够锐利了，因为我太柔弱，我负担不起心浪的掀腾，我受不住情感的重压，最后我是掩饰不住我的病容。

本来我就觉得，求人的谅解容易，现在更觉得了。哎，异云，我为了你的清楚我，曾使我感激得流泪，但同时我又觉我太认真了，爽性世界上半个清楚我的人也没有，不是更干脆吗？现在呵，你是看见我狼狈的心了！然而那可怕的阴影又不止息的在我面前荡漾，我真不知道怎样才好，哎，太可怜了哟！

你给我写信了吗？每次写信都是这种悲调，我也觉得无谓，无奈根性如此，也没有办法呢。云，原谅我吧。

冷鸥

二十四　寄异云

云：

今晚电话里你说曾寄信给我，当时我很急地跑回家，而信还没有送到，不知你什么时候寄的。电话又坏了，听不清楚，真使人不高兴。

云，你知道我的心是怎样不安定呢。云，我常常虔诚地祈祷，我不希冀人间的富贵虚荣，我只愿我俩中间永远不要有一些隔膜，即使薄于蝉翼的薄膜也不能使它存在，你能允许我吗？

我来到世界上所经的坎坷太多了，并且愈向前走，同路的人愈少，最后我是孤单的，所以我常常拼命蹂躏自己。自从认识你以后，你是那样的同情我，慰藉我，使我绝处逢生，你想我将如何惊喜！我极想抓住你——最初我虽然不敢相信我能，但是现在我觉得我非抓住你不可，因为你，我可以增加生命的勇气与意义；因为你，我可以为世界所摒弃而不感到凄惶；因为你，我可以忍受人们的冷眼。在这个世界，只要有一个知己，便一切都可无畏，便永远不再感到孤单。云，你想我是怎样的需要你呢？

你今天回学校以后心情怎样？望你能安心写诗，能高兴生活。我今天也写了一些稿子，不过天气太热，下午人不大好过，曾经发过痧，但不久就好了。你的身体怎样呢？云，我时常念着你呵！

再谈吧，祝你

高兴！

冷鸥

二十九　寄异云

亲爱的：

我渴，我要喝翡翠叶上的露珠；我空虚，我要拥抱温软的玉躯；我眼睛发暗，我要看明媚的心光；我耳朵发聋，我要听神秘的幽弦。呵！我需要一切，一切都对我冷淡，可怜我，这几天的心彷徨于忧伤。

我悄对着缄默阴沉的天空虔诚地祷祝，我说："万能的主上帝，在这个世界里，我虽然被万汇摒弃，然而荼毒我的不应当是你，我愿将我的生命宝藏贡献在你的丹墀，我将终身作你的奴隶，只求你不要打破我幻影的倩丽！"

但是万能的主上帝说："可怜的灵魂呵，你错了，幸福与坎坷都在你自己。"

呵，亲爱的，我自从得到神明的诏示后，我不再作无益的悲伤了。现在我要支配我的生命，我要装饰我的生命，我要创造我的生命。亲爱的，我们是互为生命光明的宝灯，从今后我将努力的挹住你在我空虚的心宫——不错，我们只是"一"，谁能够将我们分析？——只是恶剧惯作的撒旦，他用种种的法则来隔开我们，他用种种阴霾来遮掩我们，故意使我们猜疑，然而这又何济于事？法则有破碎的时候，阴霾有消散的一天，最后我们还是复归于"一"。亲爱的，现在我真的心安意定，我们应当感谢神明，是它给了我们绝大的恩惠。

我们的生命既已溶化为"一"，哪里还有什么伤痕？即使自己抓破了自己的手，那也是无怨无忌，轻轻的用唇——温气的唇，来拭净血痕，创伤更变为神秘。亲爱的，放心吧，你的心情我很清楚，因为我们的心弦正激荡着一样的音浪。愿你千万不要为一些小事介意！

这几天日子过得特别慢，星期天太不容易到了。亲爱的，你看我是怎样的需要你呵。你这几天心情如何？我祝福你快乐！

鸥

三十一　寄异云

亲爱的——

你瞧！这叫人怎么能忍受？灵魂生着病，环境又是如是的狼狈，风雨从纱窗里一阵一阵打进来，屋顶上也滴着水。我蜷伏着，颤抖着，恰像一只羽毛尽湿的小鸟，我不能飞，只有失神的等候——等待着那不可知的命运之神。

我正像一个落水的难人，四面汹涌的海浪将我紧紧包围，我的眼发花，我的耳发聋，我的心发跳，正在这种危急的时候，海面上忽然飘来一张菩提叶，那上面坐着的正是你，轻轻地悄悄地来到我的面前，温柔地说道：“可怜的灵魂，来吧！我载你到另一个世界。”我惊喜的抬起头来，然而当我认清楚是你时，我怕，我发颤，我不敢就爬上去。我知道我两肩所负荷的苦难太重了，你如何载得起？倘若不幸，连你也带累得沦陷于这无边的苦海，我又何忍？而且我很明白命运之神对于我是多么严重，它岂肯轻易地让我逃遁？因此我只有低头让一个一个白银似的浪花从我身上踏过。唉，我的爱——你真是何必！世界并不少我这样狼狈的歌者，世界并不稀罕我这残废的战士，你为甚么一定要把我救起，而且你还紧紧的将我搂在怀里，使我听见奇秘的弦歌，使我开始对生命注意！

呵，多谢你，安慰我以美丽的笑靥，爱抚我以柔媚的心光，但是我求你不要再对我遮饰，你正在喘息，你正在挣扎——而你还是那样从容地唱着摇篮曲，叫我安睡。可怜！我哪能不感激你，我哪能不因感激你而怨恨我自己？唉！我为什么这样渺小？这样自私？这样卑鄙？拿爱的桂冠把你套住，使你吃尽苦头？——明明是砒霜而加以多量的糖，使你尝到一阵苦一阵甜，最后你将受不了荼毒而至于沦亡。

唉，亲爱的，你正在为我柔歌时，我已忍心悄悄地逃了，从你温柔的怀里逃了，甘心为冷硬的狂浪所淹没。我昏昏沉沉在万流里漂泊，我的心发出忏悔的痛哭，然而同时我听见你招魂的哀歌。

爱人，世界上正缺乏真情的歌唱。人与人之间隔着万重的铜山，因之我虔诚地祈求你尽你的能力去唱，唱出最美丽最温柔的歌调，给人群一些新奇的同感。

我在苦海波心不知漂泊几何岁月，后来我漂到一个孤岛上，那里堆满了贝壳和沙砾，我听着我的生命在沙底呻吟，我看着撒旦站在黑云上狞笑。啊，我为我的末路悲悼，我不由得跪下向神明祈祷，我说：“主呵！告诉我，谁藏着玫瑰的香露？谁采撷了智慧之果？……一切一切，我所需要的，你都告诉我！你知道我为追求这些受尽人间的坎坷！……现在我将要回到你的神座下，你可怜我，快些告诉我吧！”

我低着头，闭着眼，虔诚地等候回答，谁想到你又是那样轻轻地悄悄地来了！你热烈地抱住我说：“不要怕，我的爱！……我为追求你，曾跋涉过海底的宫阙，我为追求你，曾跑遍山岳；谁知那里一切都是陌生，一切都是缥缈，哪有你美丽的倩影？哪有你熟悉的声音？于是我夜夜唱着招魂的哀歌，希冀你的回应；

最后我是来到这孤岛边，我是找到了你！呵，我的爱，从此我再不能与你分离！”

啊，天！——这时我的口发渴，我的肚子饥饿，我的两臂空虚——当你将我引到浅草平铺的海滨——我没有固执，我没有避忌，我忘记命运的残苛；我喝你唇上的露珠，我吃你智慧之果，我拥抱你温软的玉躯。那时你教给我以世界的美丽，你指点我以生命的奥义，唉，我还有什么不满足？然而，吾爱，你不要惊奇，我要死——死在你充满灵光漾溢情爱的怀里，如此，我才可以伟大，如此我才能不朽！

我的救主，我的爱，你赐予我的如是深厚，而你反谦和的说我给你的太多太够！

然而我相信这绝不是虚伪，绝不是世人所惯用的技巧，这是伟大的爱所发扬出来的彩霓！——美丽而协和，这是人类世界所稀有的奇迹！

今后人世莫非将有更美丽的歌唱，将有更神秘的微笑吗？我爱，这都是你的力量啊！

前此撒旦的狞笑时常在我心中徘徊，我的灵魂永远是非常狼狈——有时我似跳出尘寰，世界上的法则都从我手里撕碎，我游心于苍冥，我与神祇接近。然而有时我又陷在命运的网里，不能挣扎，不能反抗，这种不安定的心情像忽聚忽散的云影。吾爱，这样多变幻的灵魂，多么苦恼，我需要一种神怪的力将我维系，然而这事真是不容易。我曾多方面的试验过：我皈依过宗教，我服膺过名利，我膜拜过爱情，而这一切都太拘执人浅薄了，不能和我多变的心神感应，不能满足我饥渴的灵魂，使我常感到不调协，使我常感到孤寂，但是自碰见你，我的世界变了颜色——我了解不朽，我清楚神秘。

亲爱的，让我们似风和云的结合吧。我们永远互相感应，互相融洽，那末，就让世人把我们摒弃，我们也绝对的充实，绝对的无憾。

亲爱的，你知道我是怎样怪癖，在人间我希冀承受每一个人的温情，同时又最怕人们和我亲近。我不需要形式固定的任何东西，我所需要的是适应我幽秘心弦的音浪。我哭，不一定是伤心；我笑，不一定是快乐；这一切外形的表现不能象征我心弦的颤动；有时我的眼泪和我的笑声是一同来的；这种心波，此前只有我自己知道，我自己感着，现在你是将我整个的看透了。你说：

“我握着你的心，
我听你的心音；
忽然轻忽然沉：
忽然热忽然冷，
有时动有时静——
我知道你最清晰。”

呵！这是何等深刻之言。从此我不敢藐视人群，从此我不敢玩弄一切，因为你已经照彻我的幽秘，我不再倔强，在你面前我将服贴柔顺如一只羔羊。呵，爱的神，你诚然是绝高的智慧，我愿永远生息于你的光辉之下，我也再不彷徨于歧路，我也再不望着前途流泪，一切一切你都给了我，新奇的觉醒——我的爱，我的神……

你的冷鸥

三十三　寄异云

亲爱的异云：

这两天我心情太复杂！是我有生以来所未尝有的复杂，而且又是非常纠纷不容易成为有条理的思想，因此更难以不达意的言语表现出来了！——这也就是我不能当面对你述说的原因。

异云，让我清楚的具体的告诉你，我个人根本的思想。我是一个富于感情的人，同是时也是理智的人，而且更是一个孤僻倨傲成性的人，我需要感情的培植，我需要人的同情，而同时我是一脚跷着向最终的地点观望，一只脚是放在感情的漩涡里，因之，我的两只脚的方向不同，遂至既不能超脱又不能深溺，我是彷徨于歧路——这就是我悲伤苦闷的根源。

我因为要向最终的地点观望，我就不敢对于眼前的幸福沉入；我常常是走两步退三步，所以我可以算是人间最可怜的人——是人间最没有享受到幸福的人——我真恨为什么赋予我这种矛盾的天性！

说到我的脾气孤傲——我常常抱着宁为玉碎不甘瓦全的信念；但天下到处都是缺陷，就是这区区愿望也是不能得到，呵，异云，你看，我如何的可怜！

我从前——因为经过许多的挫折，我对于人间已经没有什么希望，除了设法消磨灵魂与肉体之外，我常常布下悲哀凄凉的景，我就站在这种布景之前发挥我悲剧的天才。我未尝希冀在秋天的花园中再获得一朵春天的玫瑰，我也不敢希望在我黯淡的生命中能重新发闪些光芒，我辛苦了半生，我没有找到了一点我所要找的东西——以后的岁月更是渺茫，而且我又已经是疲敝的败将，我还哪里再来的勇气去寻找我前者所未发见的东西?

然而谁知道竟那么巧，你是轻轻悄悄走到我的面前，你好像落在地窖里的一颗亮星——你的光芒使我惊疑，我不相信这颗星单是可怜我处于幽黯而来照耀，我以为他不过是无意中来到这里玩玩，说不定什么时候他仍然要腾空而去的；但是不幸我因为惯于现在的光耀而忘了从前的幽黯，而且我是不能再受从前的那种幽黯，因为我恒惴惴唯恐此星一日飞去。我因为怀惧太深，更没有余力来享受眼前的光亮，有时我故意躲到黑暗的角落里，我试试看我离开你以后我能否生存下去，然而几次试验的结果，我知道不行，绝对不行！如果你哪一天飞去，我情愿我死，纵不能死，我也情愿当瞎子，我不愿意看见别人在你照耀之下呵！异云，你对于我是这样的重要，我自然愿意虔诚的祈祷——求你永远的不要离开我。

不过你是怎样需要我呢？我知道你是一个畸零人，人人都看了你的智慧的可敬，都看了你的柔温而爱慕，但是人人不清楚你起伏不定的心波。你是人们玉盘中养的美丽的金鱼，我相信玉盘虽美，你未必甘心被缚束于其中，然而谁又知道你的心呢？——我常常为了你这种的畸零而悲；我觉得我们有些同病，因此我可怜你就是可怜我自己，我爱你就是爱我自己，我希望我们俩能够互相安慰，互相维系，假如你由我这里得不到安慰，我也不能维系你，那末，我即使需要你，需要得发狂了，但是我为了你的幸福，我情愿你放弃我呵！亲爱的异云，只要你是满足了，我不敢顾到我自己。

我每次涉念到你离开我以后——我不敢也不忍生一丝一毫的怨恨，我只想着我自己凄苦的命运——这命运譬如是一个重担，我试着挑，也许我能挪动两步三步，我仍然尽力去挪，等到实在挪不动的时候，我只好让这重担压在我的身上，我僵卧在冰冷的黄土地下，就此收束了我的一生。

我常想一个人为什么要活着？为谁活着？如果我是为某人活着，那末，我纵受多少苦都是有意义的；如果我是为我自己活着——为自己的吃饭睡觉而活着，那末，我不懂活来活去会活出什么意思来！呵异云，什么可以维系我？——除了人间确有需要我活着的人以外——如果我生也不见多，死也不觉少，那还不如死了——我个人的灵魂还可以少受些荼毒。

我很希望我们的前途是光明的——我并不希冀人间的幸福，我只求我奔赴未尽的途程时有一个同伴的人就够了。如果连这一点希冀也得不到，我就愿意这途程尽量缩短！短到不能再短为止。

呵异云！我们的结合是根基于彼此伤损的心灵之上，按理我们是不能分离的呢！你愿意使你伤损的心独自的呻吟吗？你不愿意我们彼此抚慰吗？不，绝不呵！异云，你清楚的答复我吧！

当然我也很明白我这种忽冷忽热的心情常常使你难堪——其实呢，我也不曾好受。你知道当你神情黯淡的时候，我是觉得心头阵阵发酸，我几次咽下那咸涩的泪水去；异云，你当时也觉察出来了。你问我是否心头梗着两念的矛盾呵！异云，我不骗你，矛盾也是在所不免，不过事情还不只如是简单。我是在想我现在虽愿捉住你，同时也愿被你捉住，不过我不知道这样的情形能维持我们几何年月？倘使有一天变了方向，悄悄的走了，我又将奈何？至于我呢，只要你的心灵中能让我占据的时候，我总不走开。

至于以后的生活，我当然也梦想着美满；至于是否能达到目的，一半是看我们彼此的诚心，一半也要看运命；运命我们也许无法支配，但我们确能支配我们自己。亲爱的，你愿怎样支配你自己呢？

我对世界的态度你早就明白；我是向着世界的一切感叹，我是含着泪凝视宇宙万汇的——这一半是我的根性如此，一半是由于我颠沛坎坷的命运所酿成的。为了你的热情，我愿意逃出前此的苦海，我愿意投在你火般的心怀里，不过有时仍不免流露悲声，那是我的贪心太大，我还没觉得十分满足；——换言之，就是我没有十分捉住你呵！异云，我们为免除这种摸索之苦，愿此后我们更坦白些，更实在些。

在这两年中我们努力的做事读书，以后我们希望能到美丽的意大利、瑞士去游历；即使不能如愿，也当同你到庐山或其他名胜的地方住些时候。那时我们不做讨厌的工作，专门发表我们心灵中的感觉，努力创作，同时有相当的机会，我们也不妨为衣食计，而分出一小部分的时间应付——我们这样互相慰藉着，过完我们的一生吧。我们原是一对同命鸟儿，希望谁也不拆散我们共同的命运。有快乐分享，比较独乐更快乐些；有痛苦分忧，要比较独苦可以减轻些；让我们是相助的盲跛吧——这话你是早已说过吗？

异云，这一封信的确是很忠实的表白，希望以后我们谁也不掩饰什么，而且说了就算，千万不可再像从前那种若离若即的情形，使得彼此都不安定。我们已是流过血的生命了，为什么自己还要摧残自己呢？

话虽然还有许多，不过说也说不尽，就此搁笔吧。祝你快乐！

冷鸥

四十　寄异云

异云：

我真想赤裸裸毫无掩饰地把我最近的心情报告给你。但是我的思绪太复杂，真有如李后主“剪不断、理还乱”的滋味！

我永远感到心的空虚，但是这时仍然是好现象——最不堪的是麻木的状态。在这种状态中，没有情思，没有灵感，只有无限的压迫似乎塞住毛管每一个孔穴，几乎窒了呼吸。呵，这种痛苦是我认为最不容易忍受的。不幸，每一个月中，总有这样的几天，目下就是囿于这种牢狱之中——今天也许是逃去牢狱了：心浪异常澎湃，神经也异常兴奋；念了一本日本厨川白村的《出了象牙之塔》，里头有许多话使我受了很深的刺激，他说“不论好与坏，都应当一直冲上前去，不应当徘徊歧路”。异云，我的一生就缺少这种勇气。我认为坏的，自然不敢往那条路上挪一步；但我认为好的，如果是一般人所诽议的，我也不敢向前挪一步，这是多么怯弱可耻没出息的人！呵，我愿意从今以后对于生命努力去充实。在这一方面我觉得你比我强多了，你能打破一切规则，走你所要走的路，因之你的造诣要比我深了。——但是我相信我的根性并不如现在这样怯弱，缺乏光耀，只可惜我受传统思想的影响太深了，其实，我在一般女子里已经算是比较大胆的了，现在我才知道不够，我还要更大胆些，更看得远些。我热就要热到沸点，冷也要冷到冰点，能这样，才配了解人生；如果是半热半冷的，那只是浅肤的生活，不能象征人类的伟大！呵，伟大其实又值得什么呢？不过，人总是人，当然如出于幽谷而迁于乔木的向上心——就是如此吧，不必再深究下去了，深究下去，白白的自寻苦恼，是不是？异云，你这一个星期的工作如何？我希望你能安定的过下去，我也努力多读书多写文章。星期六我们再见。

祝你高兴！

鸥

四十五　寄异云

异云——亲爱的：

我真不知道怎样安放我的心！

昨夜我是太兴奋了，一直被复杂的思想困苦着，我头疼心酸——今早醒来时，天上还没有太阳，只见凄凉的灰银色的天幕上缀着宵末残月——这个月呵，我曾向它流过心的泪滴，它似乎不忍离开我，让我醒来时，再见着它——这时，我禁不住伏在枕上哭了。

唉，异云，我是春天的一只杜鹃鸟，在那时候虽然是被玫瑰荼蘼素馨眷爱，但是天呵，现在是秋天了，杜鹃鸟的本身除了为悼春而流的泪和血外，没有别的东西！

而且秋风落叶，甚至于黄花霜枫，它们都是用尽它们的残忍来压迫这可怜的落魄者——失掉春天的杜鹃鸟——而你呢？是一只了解愁苦的夜莺，并且你也是被一切苦难所压迫的逃难者。我们是在一个幽默的深夜中恰恰地遇见了。当你发出第一声叹息的时候，我的心就已经感到了痛楚，因此我们便不能再分开，我们发誓要互相慰藉，互相哀怜，但是风姨是多么刻薄，雪花是多么冷淡，她们时时肆口讽刺你。呵！异云，我为了这件于你的伤损，我看见我的心流过血，我现在愿意他们赦免了你而来加于我比讽刺更甚的毒害。唉，异云，真的，我不知道怎样来形容我心里的痛楚！

同时我也知道你为可怜我忍受一切的麻烦，有时你也为我流泪；但是我想来想去，我真对你不住，呵，异云，我现在祷祝皇天给你幸福，纵因此要我死一百次，我也甘愿！

异云呵，我从来没有遇见过对我人格的尊重和清楚更甚于你的人，换一句话说，我自入世以来只有你是唯一认识我而且同情我的人，因此我愿为你受尽一切的苦恼。

再谈吧，你的灵魂的恩人！

冷鸥

五十四　寄冷鸥

冷鸥！亲爱的！

昨天我整日不曾把心安放下来，我感到空虚亦感到梗塞，我躺在床上想睡——不能！我坐在书桌前想看书——不能！最后我跑出去乱走，结果只增加了我无限无边说不出的空虚与梗塞。啊鸥！你当知我的心情，今晨起床，心中只有惆怅在哭泣，我无言的从窗隙看见蔚蓝的天，真使我想到你这时恐怕又要在灰尘中奔走了。

唉，冷鸥，我们原是一对同生人，同命人，同死人，尘世的风涛自然不能分开我们的结合，纵使那有威权的“死”也不能加丝毫伤损于我们。唉，冷鸥，你从前的生活不美满，现在希望你别再对昔日悲叹，因为我们这种美满是人间唯一的不能再有的！

这回我有些忙，很想多写几行，无奈上课铃响了，只得就此搁笔；下午我或者有闲，不过邮局此时便要来取信，只好将这封草陋的信寄给你使你稍稍高兴。

冷鸥你好！

你的异云

五十五　寄异云

异云亲爱的！

在星期四一天之内，我收到你三封信，我把每一封看过之后，呆呆的坐在寂静的屋里，我遥望着对面的沙发，呵，异云，我似乎看见你了！你神秘而含情的眼，充满天真热情的唇，都逼真的在我心眼里跳动。这时候，我极想捉住这一切，但当我立起身来，我才知道这完全是我心里的幻觉。唉，异云，亲爱的！我们真是不能分离呢！

我来到世界上什么样的把戏也都尝试过了。从来没有一个了解我的灵魂的人，现在我在无意中遇到你，我们第一次见面，就是基于心灵的认识。异云，我想我是怎样欣幸？我常常为了你的了解我而欢喜到流泪，真的，异云，我常常想天使我认识你，一定是叫你来补偿我前此所受的坎坷。

最初我是世故太深了，不敢自沉于陶醉中，但现在我知道我自己的错误，我真是太傻！此后我愿将整个身心交付你，希望你为了我增加生命的勇气，同时我因为你也敢大胆创造一个新的世界了。

悲观虽是我的根性，但是环境也很有关系，现在以及将来我愿我能扩大悲观的范围，为了一切不幸者同情，而对于我自己的生活力求充实与美满。

从前我总觉得我是命运手中的泥，现在我知道错了。我要为了你纯洁的爱用大无畏的精神自造命运。唉异云！你所赐与我的真不能以量计了。

我常常想到你——尤其是你灵魂的脆弱易受伤——使我不放心！我希望你此后将一切的苦恼都向我面前倾吐，我愿意替你分担；如果碰到难受的时候，你就飞到我面前来吧。亲爱的，我愿为你而好好的做人，自然我也愿为你牺牲一切，只要我们俩能够互相帮助，走完这一条艰辛的人生旅程，别的阻碍应当合力摧毁它。异云，我自然知道而且相信你也是绝对同情的。

你学校的功课很忙，希望你不要使你的灵魂接受其他的担负，好好注意你的身体；至于我呢，近来已绝对不想摧残自己了。从前我觉得没有前途，所以希望早些结束；现在我是正在努力创新生命，我又怎能不好好保养？爱人，请你放心吧。

无聊的朋友，我也不愿常和他们鬼混，而且我的事情也不少，同时还要努力创作，所以以后我也极力避免无谓的应酬。异云，望你相信我。只要你所劝告我的话，我一定听从——因为你是爱我的。

诗人来信说些什么？星期六三钟点以后我准在家等你。亲爱的，我盼望今夜能在梦中见到你，并且盼望是一个美妙的热烈的梦呢！再谈吧，祝你高兴，我的爱人！

冷鸥

六十六　寄异云

异云——我生命的寄托者：

今天我看看日历已经三月三号了，虽然前两天曾下过雪，但那已是春之复归的春雪。呵，在这阳光融雪，雨滴茅檐的刹那间，我的心起了极大的变化，我仿佛沉梦初醒，又仿佛长途归来，你想我是怎样的庆幸与惊喜呢？唉！我们相识已经整整一年了——一年了。在这一年中，我们在人间镂刻上不少的痕迹，我们曾在星月下看过春的倦睡；我们曾在凌晨听过海边的风涛的豪歌；我们也曾互相在迷离的海雾中迷失过；我们也曾在浓艳的玫瑰汁中沉醉过；我们也曾在凄风苦雨的荒庙痛哭过——呵！这样一段多变化多幽秘的旅途，现在我们是走完了，我们不是初次航海的冒险者了，我们已经看惯海上的风涛，这时候无论海雾如何浓厚，波涛如何猖獗，亦不足动摇我们的目标的分毫了。呵！爱人！前面有一盏光明的灯，前面有一杯幸福的美酒，还有许多青葱的茂林满溢着我们生命的露滴，吾爱！让我们放下人间一切的负荷，尽量地享受和谐的果实吧。

吾爱！我曾听见“时间”在静悄中溜过——它是毫不留意

地溜过，在这时候，我们要用全生命去追逐它，不愿有一秒钟把它放过，你知道，吾爱！它走了是永不再回来的呵！即使它还回来，我们已经等不得了；所以吾爱，我们应当好好地生活，好好地享受，不要让时间抛弃了我们。你知道，美丽的春花，是为了我们而含笑的；幽美的月夜，是为了我们而摆设的；我们是一切的主宰。

你的房屋布置得那样理想，别人或者要为你的阴黯而悲伤，但是我呢，不，绝不觉得是可悲的事情。我看见一朵墨绿色的茶花，是开在你的心上，它是多色彩、多幽秘的象征，所以吾爱，我虔诚地膜拜你，你是支配了生命的跃动，你是美化了万汇。

在这紊乱尘迷的世界，我常常失掉我自己，但是为了你的颂赞——就借着你那伟大锐利的光芒，我照见了狼狈的自我，爱人呵！我是从渺小中超拔了，我从重浊肮脏的躯骸中逃逸了。我看见一朵洁白的云上，托着毫不着迹的灵魂，这时我是一朵花，我是一只鸟，我是一阵清风，我是一颗亮星，但是吾爱！你千万不要忘记这完全是你的赐予呵！倘若哪一天我是失掉了你，由你心中摒弃了我的时候，我便成了一颗陨了的星，一朵枯了的花，一阵萧瑟的风，一只僵死的鸟，从此宇宙中将永看不见黑暗中迸出的光芒，残杀中将永无微笑，春天将不再有鸟儿歌唱，所以吾爱，你是掌有宇宙的生杀之权，你是宇宙的神明，同时也是魔鬼。

但是美丽爱人，我早认识你了，你虽然两手握着两样的权威，而你温柔的两眼，已保证了你对人类的和慈与爱护，所以我知道宇宙从此绝不再黯淡了。哦，伟大的爱人！我真诚的为你滴出心的泪滴，你是值得感激和膜拜的呵！

异云——展开你伟大的怀抱，我愿生息在你光明的心胸之下。

你永远的冷鸥

丁玲之死

前五六年，我在北平常同胡也频来往，以此因缘，我曾见过丁玲两次，那时她还不曾发表过文章，也不曾用丁玲这个笔名，我只晓得她叫蒋冰之，她是一个圆脸，大眼睛，身材不高，而有些胖的女性，她不大说话，我们见了她只点头微笑。

在那时候，我就觉得她有点不平凡，但我可猜不透她是负着重大的革命工作。

不久也频和她离开北平到上海来，两个月后，我就在《小说月报》上读到她的处女作《莎菲日记》，署名是丁玲，有人告诉我，这就是蒋冰之的笔名，当时我心里很高兴，我知道我对于丁玲的猜想到底不错。

前几年我正在日本吧，忽然接到朋友的信说："胡也频以共产故被捕。"我得了这消息，想起也频那样一个温和的人，原来有这样的魄力，又是伤感，又是钦佩，后来我也到上海做事，有时很想看看丁玲，但听说她的行踪秘密，不愿意有人去看她，所以也就算了，不过无论如何，她的印象直到如今，依然很明显的在我心头。

最近忽听到丁玲被捕失踪，今又在时事新报上看到丁玲有已被枪决之说，如果属实，我不禁为中国文艺界的前途叹息了。不问丁玲的罪该不该死，只就她的天才而论，却是中国文艺界一个大损失。

唉，时代是到了恐怖，向左转向右转，都不安全，站中间吧，也不妙，万一左右夹攻起来，更是走投无路，唉，究竟哪里是我们的出路？想到这里，我不但为丁玲吊，更为恐怖时代下的民众吊了。

悼郭梦良——郭君梦良行状[①]

君讳弼藩，字梦良，福建闽侯县郭宅乡人。北京大学法科毕业，任国立政治大学总务长。君为人明敏沉默，幼从陈竹安先生启蒙，勤慎敦笃，极为陈先生所称许。

少长入福州第一中学肄业，每试辄冠其曹，而翁姑望其大成之心至切，恐学校之作业不足，于课余之暇，复为请师补授经史，君亦能善体亲心，日夜苦攻，朝夕侍师于古庙荒斋中，未尝言倦。至新年元日及家祭大典时，始一宁家，而君时年仅十五六耳。

君年十九，卒业于第一中学，即拟负笈京师。时先王姑年已七十晋九，抱孙之念颇殷，必欲使之完婚而行。君不敢违，因于次年六月间与林瑞贞女士结婚。婚后甫一月，即束装北上，考入北京大学，时在民国六年。

君入学后，初以言语不通，颇苦艺之难进，然不期月，已能了解。且君于良师讲授之外，复日埋头图书馆，手披目览，未尝

① 郭梦良，庐隐的丈夫，即《庐隐自传》中提到的“郭君”，文学研究会最早成员之一，1925年十月病逝于上海，年仅27岁。本文系庐隐所写的悼词。

顷刻息，因大有所得，曾著《〈周易〉政窥》等论文，刊于《法政学报》，阅者称积学焉。

民国八年下季，因日人在福州枪杀学生案发生，旅京福建学生闻信愤极，组织福建学生联合会，以为雪耻计。每校例举代表二人，君为北京大学代表之一。时庐隐肄业于前国立女子师范大学，亦被推为代表，因得识君。且君时为《闽潮》编辑主任，庐隐则为编辑员，以此接谈之机会益多。书札往还，不觉竟成良友。不数月，福建学生联合会以内部风潮解散。吾辈少数同志组织SR会，盖寓改造社会之意也。第一次开成立会于万牲园之豳风堂，同志自述已往之生活及将来之志趣。于是庐隐乃得深悉君之家事，融洽益深矣。盖君不但学业精深，且品格清华，益使庐隐心折也。

民国十年暑假，君由京回闽，庐隐则宁家上海，因约同道而行。至沪后，郑君振铎及徐君六几，倡游西湖，遂同往焉。一夕，正星月皎洁，湖水澄澈，六几与振铎凭栏望月，庐隐与君同坐回廊上闲谈，时君忽询庐隐以毕业后之行踪，并曰："吾二人之友谊，当抵于何时？"庐隐闻言，不禁怅触殊深，盖庐隐与君时已由友谊进而为恋爱矣，然君正直，不愿欺庐隐，亦不忍苦林女士，明告庐隐已娶，虽爱庐隐，而恐无以处庐隐，然又恐毕业后，劳燕分飞，不能赓续友谊，颇用怅怅。庐隐感而怜之，因许以精神之恋爱，为彼此之慰安。君喜而赞同，遂于是夕订约，永不相忘。暑假后，仍约同时北上。到京各入学校，每星期辄同游万牲园及西山等处。时君喜研究基尔特社会主义之学说，与徐君六几日夜研讨（著作颇多，散见于《京报·青年之友》、《晨报副刊》、《时事新报》之“社会主义研究”），并以其意见要庐隐批评，于是函札每日不断。

民国十一年，庐隐毕业于国立女子师范大学。暑假后任教安徽。君以回闽路过上海，庐隐与之话别，君不禁泣泪汍澜曰：“精神之恋爱，究竟难慰心灵深处之愿望。若长此为别，宁不将彼此憔悴而死耶？”庐隐无以慰之，亦只相对唏嘘耳。庐隐行后，君竟病矣。呜呼，春蚕自束，庐隐实有以致之，更使之忧愁以死，庐隐究竟胡忍！

十二年春，庐隐生母忽而见背，虽有兄嫂，不患无依，而庐隐精神上之慰藉益鲜矣。君不忍庐隐之悲苦，恒彻夜思维慰安之计，不免失眠，身体衰弱，潜于斯矣。友辈有知其事者，大不以为可，因劝君具体解决。筹思半载，始划一策，盖即以君与庐隐相爱之情形，诉之于翁姑，并恳其许吾辈结婚，卒蒙其赞同。然不可不商之林女士及外家也，此中大费周折，故君之不能成眠者月余。最后虽庆成功，以同室名义与庐隐结婚于上海远东饭店，但已心力交疲矣。且当此时，正张君劢先生与瞿君世英，胡君铁岩，约君创办自治学院。开办伊始，事颇繁巨。且君不善摄养，恒恃脑力之强，夜午始眠。至饮食精粗不择，病根潜伏于不知觉中，而形容日槁。庐隐殊引以为忧，为购鱼肝油牛肉汁等，君又嫌其味异，摒而不食。庐隐不忍过拂其意，亦惟听之。呜呼，孰知竟因此而陨其生耶？

今春自治学校总务长陈伯庄先生辞职，君因继任。惟恐偾事，事无巨细，必亲自料理，竟至饮食无心，精神益疲。复以学校经费缺乏，筹划应付，苦乃无艺。君曾告庐隐曰：“学校之事，实不易办。若长此以往，必将不支。”庐隐亦然其言，惟责任所在，亦无可如何耳。

今年暑假，君回闽省亲，家人见其瘦骨支离，皆大恐慌，曾劝其珍摄。君亦自认非调养不可，并告庐隐为之将养。及至沪，见校务蝟集，复不克稍休养。至阴历八月二十七日，忽感风寒，时正疟疾流行，以为亦必是疾为厉，延医诊治，亦云恐系疟疾，遂不以为意，惟服金鸡纳霜数粒，仍照常赴校办事。庐隐虽再三劝其请假一二日以资休养，君则曰：“事多未理，不能请假。”并云微有寒热，不足介意。庐隐无以强之，而心窃忧焉。乃一星期后，热度益高，庐隐五中如焚，不知为计。会金井羊先生颇知医理，见君精神疲茶，舌苔极厚，因惊曰：“此病势非轻，非请医调治不可。”庐隐因恳其代请中医诊治。医云：系伏暑晚发伤寒之症，颇重。连服三帖，疾不见减。复改请西医诊治，亦云疾颇棘手。因劝迁医院为是。因于九月初十日迁入上海宝隆医院。经德医生诊断，系肠热病，势极危殆。然庐隐尚不料其与性命有关也。且进院后四五日，热度已渐退，以为无碍矣。乃九月十六日晨，忽大便出血不止，经德医打针止血后，症渐有生机，以为大难已过矣。孰料不可测之人事，竟变生仓卒。十月初六晨，庐隐轻按其脉，颇和缓，热度亦渐低，心为窃慰，以为更三四星期，当可出院矣。乃是午后一时，病忽大变，寒战不已，便溺竟污裀褥，肚腹鼓涨，急请德医视之，则曰肠断矣，呜呼！一声霹雳，庐隐心胆皆碎，知君之病不起矣，自顾身后，弱女未曾周岁，寡妇孤儿，将何以度此未了岁月。时庐隐忍痛询君，有无遗言。君方知其疾之危，因日：“生死本不足计，唯父母养育之恩，未报涓滴，殊对不住耳。”次则嘱善视幼女，待其嫁，好事翁姑，以尽其未尽人子之职。整理其所译《世界复古》一书，以之付梓，汇其平日散见各报之论文，刊之成册。庐隐并询其惧死不。君则曰：“否。”又问其须待父母来否，则曰：“不必待，惟烦尔代吾赎不孝之罪耳。”呜呼，苍苍者天，曷其有亟！君之聪敏忠正，乃未到颜子之年，已短命而死，所谓天道者，可信耶！读君前致庐隐书有曰：“你说你自料不是长命之预兆，庐隐如果以天良犹未丧尽的人视我，当知道我听了是如何的难受！若果庐隐必死，我愿与庐隐一齐死去。有后悔者，不是角色！”呜呼，孰知庐隐未死，而君已弃庐隐而去耶？当君弥留之际，庐隐曾告君愿与君同死，君则曰：“奈孺子何？”呜呼，庐隐之心碎矣！然而为君故，不能不强延残喘，任不仁之造物宰割耳，君灵未远，当知庐隐五中之辛酸滋味也。虽然，庐隐亦知死生命也，强之不祥。况君曾有宣传基尔特社会主义之志，及改良中国政治之雄心。今也不禄，能无遗憾乎？庐隐知君之心，岂忍不为一努力乎？纵不能为君掘其内心所蕴藏者，然不可不为君整理其已成文者，此庐隐亦不敢与君俱死者也。矧翁姑暮年，既遭君夭折之痛，庐隐何敢更贻其悲媳之惨。呜呼，当君症变之前一日，君尚询以何日可出院，并云：年假拟不回闽，盖恐荒弛校务。并呼庐隐将账本至。庐隐劝君不可劳神。君尚曰：“今日已略好。”则君诚料此疾之不起也。而霎那之间，竟至肠断而死，呜呼，生死一线之隔耳！庐隐今日虽不死，然而无时无刻不可死，则庐隐与君之别，乃暂别耳！况君曾许再结来世之缘，庐隐宁不能以此自遣，且以自慰耶！虽然，君与庐隐，皆愚迷不悟。今日茹此辛酸之果，尚不知悔，欲造来世之因。呜呼，实自为之，夫复何言！

君脑力之强，实所仅有。当君热度至摄氏四十一度时，尚能阅报，临命之数小时，犹能为幼女题名曰“薇萱”，其用意之深，及神志之清楚，庐隐实不信其将死，终至不起，其隐耶！然三尺桐棺，固赫然在也。庐隐固亲见君仰卧其中也，然则，非梦矣！天乎痛哉！

郭黄庐隐泣述

秋光中的西湖

我像是负重的骆驼般，终日不知所谓的向前奔走着。突然心血来潮，觉得这种不能喘气的生涯，不容再继续了，因此便决定到西湖去，略事休息。

在匆忙中上了沪杭甬的火车，同行的有朱、王二女士和建，我们相对默然地坐着。不久车身蠕蠕而动了，我不禁叹了一口气道："居然离开了上海。"

"这有什么奇怪，想去便去了！"建似乎不以我多感慨的态度为然。

查票的人来了，建从洋服的小袋里掏出了四张来回票，同时还带出一张小纸头来，我捡起来，看见上面写着："到杭州：第一大吃而特吃，大玩而特玩……"真滑稽，这种大计划也值得大书而特书，我这样说着递给朱、王二女士看，她们也不禁哈哈大笑了。

来到嘉兴时，天已大黑。我们肚子都有些饿了，但火车上的大菜既贵又不好吃，我便提议吃茶叶蛋，便想叫茶房去买，他好像觉得我们太吝啬，坐二等车至少应当吃一碗火腿炒饭，所以他冷笑道："要到三等车里才买得到。"说着他便一溜烟跑了。

"这家伙真可恶！"建愤怒地说着，最后他只得自己跑到三等车去买了来。吃茶叶蛋我是拿手，一口气吃了四个半，还觉得肚子里空无所有，不过当我伸手拿第五个蛋时，被建一把夺了去，一面埋怨道："你这个人真不懂事，吃那么许多，等些时又要闹胃痛了。"

这一来只好咽一口唾沫算了。王女士却向我笑道："看你个子很瘦小，吃起东西来倒很凶！"其实我只能吃茶叶蛋，别的东西倒不可一概而论呢！——我很想这样辩护，但一转念，到底觉得无谓，所以也只有淡淡地一笑，算是我默认了。

车子进杭州城站时，已经十一点半了，街上的店铺多半都关了门，几盏黯淡的电灯，放出微弱的黄光，但从火车上下来的人，却吵成一片，挤成一堆，此外还有那些客栈的招揽生意的茶房，把我们围得水泄不通，不知花了多少力气，才打出重围叫了黄包车到湖滨去。

车子走过那石砌的马路时，一些熟悉的记忆浮上我的观念界来。一年前我同建曾在这幽秀的湖山中作过寓公，转眼之间早又是一年多了，人事只管不停地变化，而湖山呢，依然如故，清澈的湖波，和笼雾的峰峦似笑我奔波无谓吧！

我们本决意住清泰第二旅馆，但是到那里一问，已经没有房间了，只好到湖滨旅馆去。

深夜时我独自凭着望湖的碧栏，看夜幕沉沉中的西湖。天上堆叠着不少的雨云，星点像怕羞的女郎，踯躅于流云间，其光隐约可辨。十二点敲过许久了，我才回到房里睡下。

晨光从白色的窗幔中射进来，我连忙叫醒建，同时我披了大衣开了房门。一阵沁肌透骨的秋风，从桐叶梢头穿过，飒飒地响声中落下了几片枯叶，天空高旷清碧，昨夜的雨云早已躲得无影无踪了。秋光中的西湖，是那样冷静，幽默，湖上的青山，如同深纽的玉色，桂花的残香，充溢于清晨的气流中。这时我忘记我是一只骆驼，我身上负有人生的重担。我这时是一只紫燕，我翱翔在清隆的天空中，我听见神祇的赞美歌，我觉到灵魂的所在地……这样的，被释放不知多少时候，总之我觉得被释放的那一霎那，我是从灵宫的深处流出最惊喜的泪滴了。

建悄悄地走到我的身后，低声说道："快些洗了脸，去访我们的故居吧！"

多怅惘呵，他惊破了我的幻梦，但同时又被他引起了怀旧的情绪，连忙洗了脸，等不得吃早点便向湖滨路崇仁里的故居走去。到了弄堂门口，看见新建的一间白木的汽车房，这是我们走后唯一的新鲜东西。此外一切都不曾改变，墙上贴着一张招租的帖子，一看是四号吉房招租……"呀！这正是我们的故居，刚好又空起来了，喂，隐！我们再搬回来住吧！"

"事实办不到……除非我们发了一笔财……"我说。

这时我们已到那半开着的门前了，建轻轻推门进去。小小的院落，依然是石缝里长着几根青草，几扇红色的木门半掩着。我们在客厅里站了些时，便又到楼上去看了一遍，这虽然只是最后几间空房，但那里面的气氛，引起我们既往的种种情绪，最使我们觉到怅然的是陈君的死。那时他每星期六多半来找我们玩，有时也打小牌，他总是摸着光头懊恼地说道："又打错了！"这一切影像仍逼真地现在目前，但是陈君已作了古人，我们在这空洞的房子里，沉默了约有三分钟，才怅然地离去。走到弄堂门的时候，正遇到一个面熟的娘姨——那正是我们邻居刘君的女仆，她很殷勤地要我们到刘家坐坐。我们难却她的盛意，随她进去。刘君才起床，他的夫人替小孩子穿衣服。我们这两个不速之客够使他们惊诧了。谈了一些别后的事情，抽过一支烟后，我们告辞出来。到了旅馆里，吃过鸡丝面，王、朱两位女士已在湖滨叫小划子，我们讲定今天一天玩水，所以和船夫讲定到夜给他一块钱，他居然很高兴地答应了。我们买了一些菱角和瓜子带到划子上去吃。船夫是一个五十多岁的忠厚老头子，他洒然地划着。温和的秋阳照着我——使全身的筋肉都变成松缓，懒洋洋地靠在长方形的藤椅背上。看着划桨所激起的波纹，好像万道银蛇蜿蜒不息。这时船已在三潭印月前面，白云庵那里停住了。我们上了岸，走进那座香烟阒然的古庙，一个老和尚坐在那里向阳。菩萨案前摆了一个签筒，我先抱起来摇了一阵，得了一个上上签，于是朱、王二女士同建也都每人摇出一根来。我们大家拿了签条嘻嘻哈哈笑了一阵，便拜别了那四个怒目咧嘴的大金刚，仍旧坐上船向前泛去。

船身微微地撼动，仿佛睡在儿时的摇篮里，而我们的同伴朱女士，她不住地叫头疼。建像是天真般的同情地道：“对了，我也最喜欢头疼，随便到哪里去，一吃力就头疼，尤其是昨夜太劳碌了不曾睡好。”

“就是这话了，”朱女士说，“并且，我会晕车！”

“晕车真难过……真的呢！”建故作正经的同情她，我同王女士禁不住大笑，建只低着头，强忍住他的笑容，这使我更要大笑。船泛到湖心亭，我们在那里站了些时，有些感到疲倦了，王女士提议去吃饭。建讲："到了实行我'大吃而特吃'的计划的时候了。"

我说："如要大吃特吃，就到'楼外楼'去吧，那是这西湖上有名的饭馆，去年我们曾在这里遇到宋美龄呢！"

"哦，原来如此，那我们就去吧！"王女士说。

果然名不虚传，门外停了不少辆的汽车，还有几个丘八先生点缀这永不带有战争气氛的湖边。幸喜我们运气好，仅有唯一的一张空桌，我们四个人各霸一方，但是我们为了大家吃得痛快，互不牵掣起见，各人叫各人的菜，同时也各人出各人的钱，结果我同建叫了五只湖蟹，一尾湖鱼，一碗鸭掌汤，一盘虾子冬笋：她们二位女士所叫的菜也和我们大同小异。但其中要推王女士是个吃喝能手，她吃起湖蟹来，起码四五只，而且吃得又快又干净。再衬着她那位最不会吃湖蟹的朋友朱女士，才吃到一个的时候，便叫起头疼来。

"那么你不要吃了，让我包办吧！"王女士笑嘻嘻地说。

"好吧！你就包办……我想吃些辣椒，不然我简直吃不下饭去。"朱女士说。

"对了，我也这样，我们两人真是事事相同，可以说百分之九九一样，只有一分不一样……"建一本正经地说。

"究竟不同是哪一分呢！"王女士问。

"你真笨伯，这点都不知道，一个是男人，一个是女人呵！"建说。

这时朱女士正捧着一碗饭待吃，听了这话笑得几乎把饭碗摔到地上去。

"简直是一群疯子。"我心里悄悄地想着，但是我很骄傲，我们到现在还有疯的兴趣。于是把我们久已抛置的童年心情，从坟墓里重新复活，这不能说不是奇迹罢！

黄昏的时候，我们的船荡到艺术学院的门口，我同建去找一个朋友，但是他已到上海去了。我们嗅了一阵桂花的香风后，依然上船。这时凉风阵阵地拂着我们的肌肤，朱女士最怕冷，裹紧大衣，仍然不觉得暖，同时东方的天边已变成灰黯的色彩，虽然西方还漾着几道火色的红霞，而落日已堕到山边，只在我们一霎眼的工夫，已经滚下山去了。远山被烟雾整个的掩蔽着，一望苍茫。小划子轻泛着平静的秋波，我们好像驾着云雾，冉冉的已来到湖滨。上岸时，湖滨已是灯火明耀，我们的灵魂跳出模糊的梦境。虽说这马路上依然是可以漫步无碍，但心情却已变了。回到旅馆吃了晚饭后，我们便商量玩山的计划：上山一定要坐山兜，所以叫了轿班的头老，说定游玩的地点和价目。这本是小问题，但是我们却充分讨论了很久：第一因为山兜的价钱太贵，我同朱女士有些犹疑；可是建同王女士坚持要坐，结果是我们失败了，只得让他们得意扬扬地吩咐轿班第二天早晨七点钟来。

今日是十月九日——正是阴历重九后一日，所以登高的人很多，我们上了山兜，出涌金门，先到净慈观去看浮木井——那是济颠和尚的灵迹。但是在我看来不过一口平凡的井而已，所闻木头浮在当中的话，始终是半信半疑。

出了净慈观又往前走，路渐荒芜，虽然满地不少黄色的野花，半红的枫叶，但那透骨的秋风，唱出飒飒瑟瑟的悲调，不禁使我又悲又喜。像我这样劳碌的生命，居然能够抽出空闲的时间来听秋蝉最后的哀调，看枫叶鲜艳的色彩，领略丹桂清绝的残香——灵魂绝对的解放，这真是万千之喜。但是再一深念，国家危难，人生如寄，此景此色只是增加人们的哀痛，又不禁悲从中来了……我尽管思绪如麻，而那抬山兜的伕子，不断地向前进行，渐渐地已来到半山之中。这时我从兜子后面往下一看，但见层崖叠壁，山径崎岖，不敢胡思乱想了。捏着一把汗，好容易来到山顶，才吁了一口长气，在一座古庙里歇下了。

同时有一队小学生也兴致勃勃地奔上山来，他们每人手里拿了一包水果一点吃的东西，都在庙堂前面院子里的雕栏上坐着边唱边吃。我们上了楼，坐在回廊上的藤椅上，和尚泡了上好的龙井茶来，又端了一碟瓜子。我们坐在藤椅上，东望两湖，漾着滟滟光波；南望钱塘，孤帆飞逝，激起白沫般的银浪。把四围无限的景色，都收罗眼底。我们正在默然出神的时候，忽听朱女士说道："适才上山我真吓死了，若果摔下去简直骨头都要碎的，等会儿我情愿走下去。"

"对了，我也是害怕，回头我们两人走下去罢，让她们俩坐轿！"建说。

"好的。"朱女士欣然地说。

我知道建又在使促狭，我不禁望着他好笑。他格外装得活像说道："真的，我越想越可怕，那样陡削的石级，而且又很滑，万一伕子脚一软那还了得……"建补充的话和他那种强装正经的神气，只惹得我同王女士笑得流泪。一个四十多岁的和尚，他悄然坐在大殿里，看见我们这一群疯子，不知他作何感想，但见他默默无言只光着眼睛望着前面的山景。也许他也正忍俊不禁，所以只好用他那眼观鼻，鼻观心的苦功罢！我们笑了一阵，喝了两遍茶才又乘山兜下山。朱女士果然实行她步行的计划，但是和她表同情的建，却趁朱女士回头看山景的一刹那，悄悄躲在轿子里去了。

“喂！你怎么又坐上去了？”朱女士说。

“呀！我这时忽然想开了，所以就不怕摔……并且我还有一首诗奉劝朱女士不要怕，也坐上去罢！”

“到底是诗人……快些念来我们听听罢！”我打趣他。

“当然，当然，”他说着便高声念道，“坐轿上高山，头后脚在先。请君莫要怕，不会成神仙。”

这首诗又使得我们哄然大笑。但是朱女士却因此一劝，她才不怕摔，又坐上山兜了。中午的时候我们在龙井的前面斋堂里吃了一顿素菜。那个和尚说得一口漂亮的北京话，我因问他是不是北方人。他说：“是的，才从北方游方驻扎此地。”这和尚似乎还文雅，他的庙堂里挂了不少名人的字画，同时他还问我在什么地方读书，我对他说家里蹲大学，他似解似不解的诺诺连声地应着，而建的一口茶已喷了一地。这简直是太大煞风景，我连忙给了他三块钱的香火资，跑下楼去。这时日影已经西斜了，不能再流连风景。不过黄昏的山色特别富丽，彩霞如垂幔般的垂在西方的天际，青翠的岗峦笼罩着一层干绡似的烟雾，新月已从东山冉冉上升，远远如弓形的白堤和明净的西湖都笼在沉沉暮霭中。我们的心灵浸醉于自然的美景里，永远不想回到热闹的城市去，但是轿夫们不懂得我们的心事，只顾奔他们的归程。“唷咿”一声山兜停了下来，我们翱翔着的灵魂，重新被摔到满是陷阱的人间。于是疲乏无聊，一切的情感围困了我们。

晚饭后草草收拾了行装，预备第二天回上海。这秋光中的西湖又成了灵魂上的一点印痕，生命的一页残史了。

可怜被解放的灵魂眼看着它垂头丧气地又进了牢囚。

十一，八日上海

离开东京的前一天

我将要离开东京的前一天，我曾到那位面容瘦长，眼含慈祥气的天才著作家秋田（秋田雨雀）的家里去。他的寓所是在一个很僻静的地方，离热闹的市廛很远，是个城里的乡下，房子的构造和布置都很简单，一共是两楼两底，底下是他的夫人和两个女儿住的，上头是他的书房；他书房里的布置，虽然望过去，好像很杂乱的，然而里头却都寓着艺术的美，在那很质朴的墙上挂着一个破轮船上割下来的朽木，然而在那木头上，点缀了两只活泼泼的鲤鱼，这鲤鱼有一只头和尾露在木头的外面，鱼肚子是镶在木头里头；那一只是全体都露在木头外边，头向下仿佛将沉入水里的姿势。这时这块小小朽木，立刻变成汪洋大海，无数的鲤鱼在那里浮沉、游泳，这种艺术美，我不禁为之沉醉了！

我们这次的见面，已经是第二次了。在那间精雅的小书房里，不容留人间的虚伪；我和他，还有一个和我同来的杨先生，我们都赤裸裸地把我们心灵里要说的话都说了。我们谈来谈去，便谈到近代的文学趋势和文学家的使命上了。秋田先生他很滑稽地说："近来的文坛，竟越弄越奇了，他们在下笔以先，自己先套上一个圈子，讲起哪一派哪一个主义来，其实这些名词，都是后来的批评家，给作家的官衔，作者自身不应当自己限量自己……我以为掬我内心的热诚，替灰色的人生写照，抉出他们的隐痛，使他们的创痕复原也就够了！……

“现在日本和中国的情形，差不多很相似的：都是在有产阶级和无产阶级，起了冲突的时期。文学是时代的产儿，自然也陷入不可调和的漩涡中，一班人倡言第四阶级的文学，一班人就来反对；他们的争论很剧烈，但是我们应该觉悟，文学家的使命，除了帮助第四阶级开花结果，没有更大的工作了！若果第四阶级是告了成功，也就用不着文学家了！”

秋田先生，他对于中国的情形，很隔膜——他心目中的中国，都是书本子上，不长进的中国，所以我们谈话的时候，他很注意我的行动和服装，他曾经奇异地问我道：“女士没有缠足吗？”这话实在最使我难受和羞耻了！只得答道：“这是中国从前的坏习惯，有知识的人早已觉悟，不更受这不自然人道刑罚了。”我说完这话，不觉心里一酸，并且觉得惭愧！那些没有知识的乡下人，不是还在那里缠足吗？人道的光焰不能遍照了她们吗？……我深悔失言，但是不失言又叫我怎么回答呢？……幸亏他不曾再往下追问，我们又换了谈话的目标了。

我们谈得很久了，彼此都有了些倦意，秋田先生便取出许多写真片来指点给我们看，看到中间有一张是日本有名文学家、已故岛村抱月的照片，我们对着这伟大精神的文学家的遗容，生出无限景仰的心来。秋田先生又告诉我们说：“岛村先生是最能创作剧本的作家，他美丽的音调，精巧的结构，曾经一个绝代佳人的珠喉歌过，更是两美并济，使人叹息不易得了！

“那位佳人就是松井须磨子，在当时的艺术座上，她占最重要的位置，她所扮演的剧本，皆是岛村先生心血组织成的，并且也是他亲自教成的。

“这种心灵已经流通了，便不受任何种藩篱的阻隔，岛村和松井须磨子便发生了恋爱的关系，不过岛村先生已经有妇，松井须磨子已经有夫，在法律上他们是不能再有结合的余地，但是爱情是不怕法律的，也不爱虚荣的，当时虽受一般人的非难，在他们已经调治的爱情，是毫不因此而分开的。后来岛村先生死了，松井须磨子便为爱情而自杀，使干枯虚伪的世界上，开了一朵又灿烂又纯洁的花，现在的一座石坟，虽然已成过去的陈迹了，而在暗淡的斜阳中犹受人们的凭吊和回忆。”

他说到这里又指着一张照片，里头有一个修眉朗目的女子说：“这便是伊的遗容……你看伊的容貌怎么样？”我果然细细看了一遍，觉得伊的好处，不在五官端正，而在伊挺拔超越的风采，伊一对眼角微向上吊着，眉梢长而细，和绿鬓差不多相接连；身材亭亭好像孤立的傲竹，真是不可多得的人才……可惜好花已经谢了，不知道掩埋秀骨的荒坟，曾否有满了荆棘的凄凉，恨不得立刻到那边去看……

不久我们便离开秋田先生的书房，向他的住所后边那一块坟地的路线进行。这时候已经六点钟了，天空漫着一层稀薄的雨云，太阳的光线，本来不强，亦被雨云一遮，更现着凄迷闪烁了！并且我们所走的路径，又是很僻静的小路，路旁除了几株榆树，开着细碎的白花，有时发出一阵清幽的香气来，此外没有别的点缀。我很快经过一段竹篱，前面露出一片很平滑的绿草地，有三个青年女子，一个穿着浅紫色的上衣，天青色的罗裙，头上乌云般的柔发，覆着前额；还有两个女子，面向东坐着，看不清楚，并且旁边还放着一把黑色大洋伞，遮住了伊们的全身，只露着白色罗衫的一角罢了！

在这荒野的地方，有她们来点缀点缀，实在可以减去许多寂寞！

经过伊们坐谈的绿草地，又来到一所房子面前，苍碧色的爬山虎，遮住灰色的土墙；一个赤着小胖足的孩子，站在墙根底下，两颗星般的眼珠，不住对我们望着。秋田先生微笑着说："这个孩子是没有偏狭心理的，因为他父亲是俄国人，母亲是日本人，在他的父母心里，已经破除种族和国家的界限了，他父亲和我很熟，我们常在这屋子里见面。"

我们闲谈着，已到了许多荒坟的面前，日本习俗，人死多火葬，所以他们的坟墓很简单，只用一个小盒子，把烧化的残灰藏在里头，埋在地下，在旁边栽一颗小松树，安一块木牌或石碑，写着死者的姓名，和死的年月。从远远的地方望过去，只见这一带的林木苍郁，秋田先生指点道："这一带约有五十几个坟墓，都是不知姓名的人，死在大街上或荒野里，经警察所收葬埋在这里；他们才埋的时候，旁边所插的树，不过四五寸高，现在已经长到五六尺了，但是他们早已不明白世界上的一切了！"

这几句话，很能使我静止的心涛波动了，因此我们便谈到人生观方面来。秋田先生说："我从前曾走错了路，以为人类是超越万有的，现在我觉悟不对了，其实人类与兽类没有多少差别：只是智慧比较得高些，能创造一切——从前所没有的东西——罢了。虽然我并不觉得没趣味，因为去创造没有过的东西，来满足刹那的欲望，就是很有趣味的事情！”

过了一带无主的孤坟，又来到一带罪人的墓前。秋田先生叹息着告诉我们道：“广漠的世界上，唯有这些人的遗骸是到处充满的，他们为一时兽欲的冲动，结果生下了儿女，这些不幸的小人类，不能光明正大见天日，因为他们的父母在人前是事事怕羞的，在法律之下是事事帖服的，所以私生子只能在那黑暗的地窟里，和那些静僻的野草丛中，另辟他们的世界了！

“日本的政府，规定救济私生子的法子，是每一个私生子呈报到政府那里，例有百金的赏格，有些不自爱的人们，一面领了赏银，一面放弃他们保护那孩子的责任，有的挖个土坑，把孩子活埋了；有的把孩子的脖头用力掐着，闭了气就完了！这些残忍的把戏，有时被人发觉了，便处他们以死刑……这一带共三十多个坟墓，都是犯了这罪致死的人们的遗骸！”

我们只顾指点闲说，不觉得连那反射在远远塔尖的斜阳余辉，也都藏起来；而我们所要看的坟墓还没有看见，因急忙走到那里，两扇极矮的柴门虚掩着，柴门的两旁有两根高石柱，墓上有一块心式的石牌竖在上面，比那石柱还要高。我们来到坟前，推开柴门，墓旁两个插鲜花的筒里还插着两把残余的野花，在地下还放着一个枯干的玫瑰花圈。我站在柴门口，望着荒坟，心里便造成无穷的意象，我想照片上的她已不是真的她了，这孤坟里的她也绝不是活泼泼的她，一个她可以幻成无数的她，然而真的她却只有一个，在我的心里，只有我心的眼可以看得见她，而肉的眼永远看不见她，只看见她的照片、她的坟墓——呵！真是生的惊奇，好像积气的天，飞翔变化的云，永远不可捉摸呢——

秋田先生向看坟人那里买花回来了，他将鲜花换了残花，将整香换了剩香，又叫人把坟前的灰尘打扫干净，脱下帽子恭恭敬敬向那坟里的松井须磨子深深鞠了一躬，在这一刹那，我看见人间无穷的伟大了！

离开这里约有五十步的光景，便是岛村先生和他夫人合葬的坟了，但是他的夫人现在还没有死，有人说，不如把松井须磨子的坟，跟他合葬了吧！而一般道德家、法律家，都很惊吓得发起狂来，这些人多余的主张也就打消了，其实不合葬的已合葬了！合葬的中间已竖起三千丈的壁垒，难又明白这个呢？

我们在那里徘徊凭吊些时才遵旧路回来，不过路虽是旧路，那三个女子不见了！赤足的肥孩子也不见了！只看见一只牛，拴在那绿草地旁边的大槐树上，在草地的对面，一带松林里，隐隐有一所高台阶的房子，一个五六十岁的老头儿，弯着腰在那里扫地。世界上的东西未曾有一秒钟是静止的，未来的一切谁能预料得到？不过从这里回去的第二天，我的确离开东京了。

扶桑印影

今年四月二十九日的夜里，疏星历落，清光掩映；我们二十个征人乘了一只日本船叫做“长沙丸”的，直奔烟波渺茫的大海里去；在海上过了五天五夜，已到那白云深处的“蓬莱仙岛”了。在岛中小住月余，曾游西京、东京、大阪、神户、奈良、横滨、日光、广岛诸胜地，归途又经釜山、汉城、平壤、大连、旅顺等地，万影灿烂，只可惜我的心幕有限，所印下来的不多，且自从回国以后，事忙心倦，更不知又模糊多少！

昨夜微雨，新凉宜人，幽斋独处，才能把笔略写心头残影；但千头万绪，真不知从什么地方写起，现在为便利回忆起见，拟分门别类，逐件写出，惟不能逐日详载，故不敢作《扶桑纪游》，只作个《扶桑印影》罢了。

（一）风景　日本的风景，久为世界各国所注目，有东方公园的美誉，再加上我爱美景如生命，所以推己及人，也先把“蓬莱”的美景写出来以供同好——

（1）西京　西京风景消幽，环山绕水，共有四座青山，吉田山、睿山、大文字山、圆山，四山中睿山最高，我们登睿山之巅，可窥西京全市，而最称胜绝的是清水寺、琵琶湖。

清水寺　在音羽山之巅，山上满植翠柏苍松；在万绿丛中，闲杂几枝藤花，嫩紫之色，映日成彩，微风过处，松涛澎湃，花影袅娜。我独倚大悲阁的碧栏，近挹清香，远收黛绿，超然有世外感。庙宇之前，有滴漏，为香客顶礼时洗手之用，漏流甚急，其声潺潺，好像急雨缘屋檐而下。

琵琶湖　琵琶湖是西京第一名胜，沿江共有八景。我们在五月七日的那一天泛棹湖中，时正微雨，阴云四合，满湖笼烟漫雾，一片苍茫，另有一种幽趣；后来雨稍住，雾稍散，青山隐约可辨，远望诸峰，白云冉冉，因风变化，奇形怪状，两眼为之迷离。

后来船到石山寺，我们便舍舟登岸，直奔石山寺。此寺也在高山之巅，仿佛中国西湖之灵隐，寺中多独干老松，高齐庙阁，院中满植芭蕉，被急雨敲击，清碎如弄珠玉。

傍晚雨止雾收，斜阳残照，从白云隙中射出，照在湖面上，幻成紫的粉红的嫩黄的种种色彩。我们坐在船上如观图画，不久斜阳沉入湖心，湖上立刻幂上一层黑幕，青山白云，都陷入黑幕中，但数点渔火，犹兀自含情向人呢。

（2）日光　日光乃日本景致最好的地方，日本人有句俗话说："不到日光不算见物。"日光的身价可得而知了。日光共有十六景：一、日光国币中社荒神社；二、日光神桥；三、日光华严泷；四、日光东照宫阳明门；五、日光中禅寺歌ケ滨观音；六、日光东照宫眠猫；七、日光中禅寺湖大尻桥；八、日光里见泷；九、日光东照宫五重塔；十、日光雾降泷；十一、日光大猷庙唐门；十二、日光东照宫唐门；十三、日光中宫祠湖上野岛；十四、日光中禅寺湖滨；十五、日光杉并木；十六、日光三佛堂及相轮塔。

这十六景中杉并木、中禅寺湖、雾降泷、里见泷、中禅寺湖大尻桥这几个地方，更自然更秀丽，不过最使我不能忘怀的，还要算是华严三千尺大瀑布了。

当日游华严往还走了六十里路，辛苦是最辛苦，而有了这种深刻的印象，也就算值得。在华严泷的背后，还有一个白云泷。当时我们到了白云泷，看见急水如云，从半山中奔腾而下，已经叹为奇观，及至到了华严泷时，只看见三千尺的云梯，从山巅下垂，云梯之下，是飞烟软雾，哪有一滴看出是水。这种奇妙的大观，怎能不引诱人们忘记人间之乐呢？可惜我那时不曾大彻大悟，遂造成未来的万劫之因了。可叹！

（3）宫岛　宫岛乃日本三景之一，所谓三景是松岛（在北部）、天之桥立及宫岛。我们于黄昏时泛舟海上，碧水渺渺，波光耀霞，斜阳余辉，映浪成花，沿海青山层叠，白云氤氲，在海上游荡些时，又登岸奔红叶谷，这时微风吹来，阵阵清香，夹路松杉峥嵘，渡过一架小红桥，就看见红叶如锦，喷火吐焰，真是妙境，便是武陵人到桃源，恐怕还要叹不及此呢！

“蓬岛”称绝的三景，我只到了一处，未免是个憾事，不过在日本住了一个多月，到了八九个地方，无论到哪处，都没有感到飞沙扬尘，满目苍凉的况味，就是坐在火车上，也是目不断青山的倩影，耳不绝松涛的幽韵，更有碧绿的麦垄，如荼的杜鹃，点缀田野，快目爽心，使我赞不绝口了。

其实中国江南川北，也何尝没有好风景，何值得我如是沉醉，不过“蓬莱”另有“蓬莱”之景，其潇洒风流，纤巧灵秀，

不可与中国流丽中含端庄的西子湖同日而语，所以我虽赞许“蓬莱”之佳，亦不敢抹煞西子之胜，盖燕瘦环肥，各有可以使人沉醉之处呢！

（二）教育　日本的教育，是老老实实要办教育的教育，和中国拿教育作门面迥然不同了。这次在西京看的学校，是帝国大学、寻常小学校、第一女子高等学校、京都府立第一中学、同志社女学校；在大阪看了女子师范学校附属小学校、奈良女子高等师范学校附属中小学校；在东京看了音乐学校学习院、女子大学、东京女子高等学校、东京帝国大学、东京盲学校、东京聋哑学校、迹见女学校，女子学习院、东京府立青山师范学校、东京高等师范学校、东京美术学校、东京府立女子师范学校、东京府立第二高等女学校、东京市立玉姬寻常学校。

以上各学校，自然各校有各校不同的性质，其具体的组织，用不着写也不能写，只能由这些具体里抽出日本教育的精神如何，现在可分三方面说：

（1）日本教育的优点　日本教育的优点很多，然而也可以用一句话包括起来，就是所谓要办教育的教育，因为日本人知道教育的重要，彻底了解教育的重要，所以有要办教育的决心，有了要办教育的决心，这个办出来的教育，才有好处。日本政府对于他项的经费，可以斟酌添减，惟独教育经费，只有增而无减，中国却不然，第一拖欠是教育经费，相形之下，不知执政者作何感想呵。

就我眼光观察所得的日本教育的最大优点有二：

①内容充实　走到日本各学校，无论他门面是如何不辉煌，

而他的内容却没有不充实，就举一个例来说：帝国大学的图书馆里头，共藏书五十万册；工业学校仪器室占二十间屋子那么多，而他们的校舍哪有清华学校的华丽，北京大学的壮严呢！但这两个是东京的大学校，内容充实，也不足奇，他如府立寻常小学校理科试验室里的器具和暗室，种种的设备，比较中国最高学府唯一的女高师数理部的东西还多得多、完全得多呢，说到这里，固然太灭自家威风，长他人志气，无如他真好呵！

②办事认真　日本政府和一般人民看教育界的人都很重，办教育人也都为教育而办教育，和中国之因饭碗而混迹教育界的根本不同，所以任职的人，是终身竭诚于教育，不存五日京兆之想。大阪女师范开办二十二年，校长在职亦二十二年；京都府立第一中学创办已五十年，校长亦久于职，其他各校校长在职年限，总在十年五年，从没有像中国一年一换，一方面是政府不明白教育原理，不重视教育，一方面是任职者没有竭忠为教育的决心，结果自然演出今日的中教育特色来了。

（2）日本女子教育　日本女子教育，和男子教育之比例，相差太远，名义上固不乏女子高等求学机关，而察其内容，所谓女子大学，所谓女子高等学校，除家事科外，差不多没有更注重的学科了。这种现象，在他们办教育者，固然不能说没有片面的理由，不过他们所根据的女性专宜操持琐事的一点，到了现在的时代，是站不住了。凭心说来，现在没有打破家族主义的时期中，家庭方面，当然须人主持，而女性比较细密，这种责任，比较应多担负些，然而却不能根据这一点，而划定女性发展的范围，贤妻良母，女子未尝不可做，而女子除了做贤妻良母，没有别的责任，这话就未免不进步了。现在日本女子教育，最大的缺点，就是专让她做贤妻良母，而不叫她做人，在日本今日国家无事高唱升平的时候，女子的责任固然没有中国今日女子所负的责任大，然而间接于人类的幸福，多少也有些阻碍，因为人类的幸福，是根据于大家平等大家自由，而日本女子贤妻良母教育的结果，使女子退居于被动服从的地位，抹煞她们天赋的自由天赋的人格，在同一世界里同一人类中而分出高低不平的界限，人类还有幸福吗？我所以到京都市立高等女学校参观，看见她们“贞淑”两字的校训，不禁喟然长叹了。

然而日本女学生勤劳耐苦，肯做事，有精神，也未尝不是她们的优点，我们中国女学生可引为模范的。

还有一点，日本女子体育的发达之讲究，真有可以令人奇异的。从前我国人常骂日本为倭奴为小鬼，谁知这次我们到日本看过之后，这种徽号再不敢乱叫，现在的日本女学生，个个雄壮，男子也比从前高大，我们站在他们中间，反不免要惭其弱小了。

日本女学生，不但能做柔软的运动，就是剧烈的运动，她们也能做，她们也能和男子一齐做百码以上的比赛，她们的体操教员，多用男子，有一次我们到迹见女学校参观，她们体操练习跳高，她们大约都能跳过五尺的高度，我在旁边看了，不禁暗想像这么高的凳子，我便爬都爬不过去，慢说是跳。一方面回想我国近来女学校，对于体育简直是不注意，不用功的学生，东跑西跑还不觉得什么，那些用功的，进学校不到一年，什么胃病、肺病都生出来了，究其原因，多半是少运动，我平常也曾想到这里，不过想完也就完了，而这次到日本看了她们那种强壮活泼，回顾自己本国，这个刺激真真永远忘不了，我很希望办女子教育的，和女子本身，要早点觉悟，要明白健全的精神，是寄在健全的身体上呵！

（3）日本社会教育　日本的小公园非常多，电影院、图书馆、公共体育场到处都是，所以学生们于星期课余之暇，都到公园、电影院，公共体育场游散，到图书馆看书，这种潜移默化的功效，比学校教育还要收效大。日本小小三岛，而能经营如此周到，我国反赶不上他十分之一，偌大一个北京，统共只有一个中央公园，并且里头茶肆酒寮，弄得俗不可耐，哪有一点自然的美趣，况且还要收入门券，更是叫那贫苦的人没有消散的地方。那一般有钱的，又被那些万恶的游艺场缠住了足，学生们在学校里所受的教育，还不够社会的罪恶破坏呢。有心教育事业的人，不可不注意社会教育了。

（三）风俗　我在日本日子有限，对于风俗人情的观察，只是浮光掠影，不过我觉得知道一点便写一点罢了。

日本人受儒教的影响很深，东京有孔子大成殿的建设，所以他们风尚也多儒教色彩，所谓君君臣臣父父子子五伦的道理他们十分崇拜。

日本系小家族制度，以夫妇为单位，未成年的子女与父母同居，已成年的子女除去嫡长子系家族相续人有承袭财产权的当然同居外，其余子女都别居，女出嫁，子就给人家做养子，或是做婿养子，不然也分给他一部分财产令他自谋生活，所以人人都不能不想独立了。

日本男女关系极不平等，日本是帝国主义，臣对君的关系极不平等，界限极严，而女子对男子也正如臣子对国君一样，便是做了母亲，也要听儿子的话。我曾听见一个留学生告诉我说，有一次有一个人送礼物给他的一个同学，这同学恰好不在家，就交给他母亲，他的母亲原封放好不敢稍动，因为儿子是男人，应该听他命令，和中国所谓三从——从父、从夫、从子——的旧道德一样。所以日本的女子今日所处的地位，实在可怜，没有人格，没有自由，简直是个奴隶！

公开的男女交际，是为一般人所不许，而背地里的秘密交涉，是到处都有，她们对于贞操的观念，简直没有，并且日本近来生活昂贵，女子又喜虚荣，所以一般女子在高等学校里读书，一方面多与男子发生关系，借着这个弄点报酬补助她们的费用，等到她们正式与人结婚的时候，那时她们就做贤母良妻了。

日本喜沐浴，到处都有汤池，不过日本女子在人前露体不觉羞耻，所以每一个汤池里十余人一共洗浴，亦习为惯，甚至下等社会之女子，尚与男子混浴。

总之岛国风俗，自有岛国人习惯，我等外国人到了那里，没有一件不觉得稀奇的。

（四）日本的思想界　日本虽是帝国主义，而思想界却不寂寞，五光十色，倒很有可观，在我们将离东京的前两天晚上，曾听三个人的言论，而这三个人实足以代表日本三个思想界的各方面。一个是无政府主义者大杉荣，一个是改良派的山田ワカ女士，一个是为第四阶级努力的文学家秋田雨雀。

大杉荣完全主张破坏了再说，他曾用冷讽热嘲的口气对我们说：“前年罗素到中国，曾经论到中国社会主义的发生，要经过两个阶级：一是振兴实业，二是提倡教育。按此二说对于振兴实业今姑勿论，对于教育吾尚有数说……当罗素倡言提倡教育之一说后，我遇见朝鲜人、中国人都异口同声的赞许，不过我就极力反对教育——今日的教育是什么？教育人们不应当说谎话，而实际上在社会里能说谎话是最有利人生的。历史上差不多没有一天无说谎话的必要，教育又有什么用处！再说教育的根本是什么？不过是掘发人们固有的个性。但现代社会制度无往而非压迫个性及剥夺个人的自由，教育也不过教人服从强权及保护强权的法律罢了。现在教育的使命，应在解放人类固有的个性，及打破现在社会制度，那种手讲指画黑板粉笔的勾当，不过是骗饭吃罢了，哪里说得上是教育？”

他这一段话很可以代表他思想的全部，就是先打破现在的制度再说，也就是激烈派的社会主义的代表。

山田ヮカ是日本女性思想界最稳健的一派，她与山川菊荣的思想正是相反，她讲的题目是“妇人归着点”。她是巩固家族主义的努力者，她所说的话，虽然不少，不过她的结论，是妇人种种问题，皆由家庭为出发点，与其他学者到社会活动的论调正相反对。大杉荣曾骂她是“笨货”，然而她却是那不彻底的改良派的代表呢。

秋田雨雀是文学家，他的态度和他论调的意点，固然不同了，他根据托尔斯泰世界语言统一的四种假想，主张世界语为世界和平的唯一解决方法。

他所主张的文学，是为第四阶级努力的文学。他说：“现在日本和中国的情形大约相同，都是有产阶级和无产阶级发生了冲突的时候；文学的趋势也正在冲突式中，一部分人主张第四阶级的文学，一部分的人就来反对；他们的争论很剧烈。但我以为到了今日，文学家的使命，除了助成第四阶级的发达以外，没有更大的工作了。若果第四阶级告了成功，被压的民众抬起头来，文学家便没有负担了。”他的主张可以为努力第四阶级思想界的代表。

这三个代表，差不多可以包罗日本思想界的特色了。

（五）日本最近国民外交的政策　当我未到日本之前，我预料中日连年失和，日人对于我国人一定很轻慢。那末我们到日本去，岂不是要受许多苦痛吗？但是我们自从神户上岸起，一直到了大连上船回国，没有一天不是受他们十分的优待。什么侯爵请我们吃茶点，什么子爵请我们参观他的花园，什么商店送我们味之素、化妆品，什么团体请我们赴宴会，又送我们汽车坐，简直是上宾的待遇。甚至住旅馆也要减价，可谓受尽优礼了！且每一次和他们谈话的时候，没有一个人不提到“中日亲善”。有的说中日同文同种，应当亲善；有的谈中日有唇齿的关系，应当亲善；有的甚至把中日亲善来同日英回盟相提并论。我们在这种环境里不能不自己觉悟，也不能不钦佩他们；他们的国民和政府真是一而二、二而一的国民的外交政策，可以代表政府的外交政策。

他们这种高唱中日亲善，或者是他们看为对付邻邦智识阶级最好的手段了！其实在在都露马脚，他们优待只管优待，亲善不亲善，还得我们斟酌斟酌呢！

我们在东京女子高师参观的时候，她们的校长曾对我们说：

"现在人们常提到中日亲善，其实要亲善须互助敬爱出乎衷心，至于口头上之亲善又何足取。"这话真足为那一辈高唱中日亲善的人作个"晨钟暮鼓"。否则，专想利己的中日亲善，恐怕中日永远没有亲善的一天呢！若专靠着这个为外交手段，不久也是要失败的！假面目永远是要露出来的呢！

关于日本内地所得的印象，大约尽于此。现在再把我回来时沿途所见的略说一二：

釜山　釜山是日韩交界的地方，我们下车以后，也看见许多韩人，然而地方上种种制度，都与日本内地相同。韩人本有的文化，早已不知去所，正所谓"王侯第宅皆新主，文武衣冠异昔时"了！

我们在釜山没有多少时候耽搁，从船上下来以后就在火车站等火车，这时我们曾到车站附近的地方去置东西。朝鲜人一种奇异的装束，最易使人注目——男子头戴斗笠般的黑纱帽，足着船式的草鞋或布鞋；上等人也有着皮鞋的——然其式仍是两头向上如船，袜乃棉絮铺成，纵夏天暑气蒸热，也是穿棉袜。身上穿的是白麻布的长袍，衣服无钮，唯大襟靠右方用带子一根联结起来，女子就着短小上衣，长只到胸部，下面用各彩色的麻布作裙。麻布本硬性，穿在身上不易贴服，若再被风一吹，就要蓬蓬然如支营帐，真不美观。劳动妇人头上顶一布制的圈，重物置于其上，负以远行。

街上多日本商店，和日本式的房屋，来往的行人，多半是日本人，但清洁就远不如日本内地了。有如走到朝鲜人住的地方，一种葱韭臭味，令人作呕。他们一种污秽懒散不振的态度，看了真由不得人要心酸叹息致亡之有因了！

京城　我们在京城住了两天，曾到新建筑的李王府和朝鲜故宫改成的博物馆去看，后又到福景宫、北岳山各地方去，这几个地方都使人起无限的回忆！中日之役，袁世凯曾与日兵战于北岳山，叶志超被围于牙山；往事已成劫灰，而登临凭吊之余，仍不免慨然长叹呢！

此地街道清洁，电车轨道如网，交通极便利，房屋多高楼大厦；吾人到了这个地方，好像仍在日本内地，想不到这就是朝鲜的京城呵！

平壤　平壤本箕子所开的都会，他的坟墓也在那里，在二千年前——周时平壤即所谓东海乐浪国，在大同江对面。我们在平壤只住了一天，早晨登箕子墓，东望则大同江如衣带，受日光映射而发银光。后来又到乙密台，乃中日之役马玉昆等败北的地方；我们凭高台而四顾，不禁生“江山如旧人物已非”的感想。在乙密台的壁上题着许多感慨悲愤的诗句，可惜当时仓卒未曾录下来。

下午我们又买棹泛大同江，江水碧绿，青山挹翠，滨江千尺石壁，即所谓清流壁，朝鲜亡国臣僚都在上面题字而殉。有四个朝鲜女学生，也和我们同游，我们曾问她们去年独立运动怎么样？她们只愔然长叹，泪光莹莹，不能更说一句话，我们看了真不忍再往下问了！唉！被征服的民族，满心除了悲哀还有什么呢！

奉天　奉天本是中国领土，而南满铁路沿线二十里的地方都归日本所有了！又有日本租界，我们从南满路下车的时候，看见来往的中国人固不少，而日本人亦居半数，所以奉天实在已入了日人的势力范围了！

我们在奉天住了三天，曾到各学校去参观；那种腐败的情形，可怜亦可笑！那边女师范的教员，和我们谈话，他说：奉天的女子教育最为黑暗，女师范所用的修身教科书，是由她们第一任校长所编的；内容除了讲三从四德外没有别的东西了。学生多喜虚荣，奉天军阀最有势力，所以学校的女学生有一部分专喜欢做军官队长的如夫人。这种风气一开，女学校的学生人品，与种种黑暗，唉！那就一言难尽了！不过办事人、校长、监学，却非常专制，学生不能随意出学校的中门一步，也不能独自去请教男教员的功课。最初的时候，且不用男教员；后来进步些，专用胡须都白了的老头儿；现在又进化一点，用了一个年轻的男教员。然而逢到理化试验的时候，讲堂上派两个老妈子左右分立监察学生们的动作——这种可笑的事情，可以说绝无仅有了！

近来有一般女学生，也很觉悟，想要改良，然而校长压得紧紧地，她们是不能活动。所以我们到了她们学校参观，她们就趁机会要求想开欢迎会；借欢迎会的席上，稍吐她们心头郁积。她们的奋斗精神，很属可佩。但是黑幕太厚，要见阳光非有一番更大的牺牲不可呢。

大连　大连真是一个好地方！不独山清水秀，气候亦非常凉爽，出名的风景有所谓星浦，有所谓老虎滩，都在沿海一带，松柏苍翠，波光灿烂，海上小岛，历落如星，所以叫作星浦。

我们在大连，因为候船，所以竟住了五天。这五天之内，上自学校，下至茶寮、妓馆、大烟馆，都被我们看遍了；所以受的感触也特别深，现在把我们所看见的大略说说：

大连有许多日本人，为他们自己人设立的学校里头，虽也许有两三个中国人，然而这两三个中国人不是有钱的商家之子，或者就是已入日本籍的中国人了。这种学校的设施，和日本内地一样，此外有一种叫作大连公学校的，是专为大连本地人设立的；我们曾去参观，刚进校门就嗅到一种恶臭熏人的气味，再一看那些孩子身上，衣服褴褛，面容憔悴，和那些日本学校的学生竟有天壤之别了。后来我们又去参观他们的教授，教员都是日本人，所教的科目日语最重要——他们课程表上写日语为国语，中国的国语就叫作汉语，这种情形不知读者诸君，作何感想？我们当时的愤慨，只觉心酸血沸罢了！

我们目睹的情形如此，后来又听见《泰东日报》的记者——这报是中国人办的——的报告，他说日本人对于大连子弟的教育，用的方法是纯粹奴隶制。他们只让会说日本话，将来好“助纣为虐”来鱼肉大连的同胞，所以公学校的卒业生所有的职业，不是充当横蛮的警察，就是衙役和暗探。按警察本是保护治安，而大连的警察却是专搅乱治安，欺负小百姓的！

大连暗娼最多，都是这些警察和地棍勾通了日本的警察长，狼狈为奸的办起来，这些暗娼都是大连人或外地拐来的中国人。暗娼的会集地，是在大连西岗子一带，一共三千余家；每逢劳动者和没有什么学识的商人经过那里，都被她们强拉进去，丧身败家的更不知多少人呢！

暗娼之外还有大烟馆，里头都是带辫子的中国人，和死尸般睡在那里狂吸怒抽。我们曾经去看过，一种暗淡的神情，真叫人要痛哭！

就大连种种情形看起来，就可以知道日人对于大连人所用自趋灭亡的方法了！大连不过是租界地，已经有“故国不堪回首”之叹，那已被灭亡的朝鲜、台湾更可想而知了！

旅顺　旅顺也是日本的租界地，从前本属于俄国，经日俄一战，俄国失败就归日本了。然而种种文物都是俄国人所遗，最触目的大红俄国地毯在现在的关东厅的地板上铺着，使人生无限的感想！

在旅顺只停了半天，仍回到大连。由大连一直乘二十六共同丸回天津。倦游之余，不免归心如箭，所有触目惊心的材料，也渐渐减少了！到了北京更糊涂得看不见，怎怪“夜郎自大”呢？可恨我自己喜寻苦恼，使这深刻的印影时时作刺心之痛，所谓“自作孽不可绾”，我惟有自怨自艾吧！

拉杂写来，读者亦厌我多事否？苍天总没有话，人仿佛都病着哟！我向哪里唤起中国的魂呀！